دراسة

غسان كنفاني

أدب المقاومة في فلسطين المحتلة ١٩٤٨-١٩٦٦

منشورات الرمال

مؤسسة غسان كنفاني الثقافية

جميع الحقوق محفوظة © السيدة آني كنفاني

دار منشورات الرمال
قبرص
www.rimalbooks.com

الطبعة الأولى 2013
طبعة سنة 2014، 2015

ISBN 978-9963-610-90-7

نشرت هذه الدراسة في طبعتها الأولى سنة 1966
صورة غسان كنفاني تصوير آني كنفاني
الغلاف: ميدا فريجي مقدسي
الخطاط: شوقي يوسف
الغلاف: لوحة لغسان كنفاني
طباعة: مطبعة كركي - بيروت

يُعتبر غسان كنفاني أحد أشهر الكتّاب والصحافيين العرب في عصرنا. فقد كانت أعماله الأدبية من روايات وقصص قصيرة متجذرة في عمق الثقافة العربية والفلسطينية، ومصدر وحيٍ لجيلٍ كامل في حياته وبعد استشهاده بالكلمة والفعل.

ولد في عكا، شمال فلسطين، في التاسع من نيسان/أبريل ١٩٣٦، وعاش في يافا حتى أيار/مايو ١٩٤٨ حين أجبر، بسبب الحرب التي أسفرت عن إنشاء إسرائيل، على مغادرة وطنه الأم واللجوء مع عائلته في بادئ الأمر إلى لبنان، ثم إلى سوريا. عاش وعمل في دمشق ثم في الكويت، وبعد ذلك في بيروت منذ سنة ١٩٦٠. وفي الثامن من تموز/يوليو ١٩٧٢ استشهد في بيروت مع ابنة أخته

لميس في انفجار سيارة مفخخة على أيدي عملاء إسرائيليين.

أصدر غسان حتى تاريخ وفاته المبكر ثمانية عشر كتاباً، وكتب مئات المقالات في الثقافة والسياسة وكفاح الشعب الفلسطيني. في أعقاب اغتياله تمّ إعادة نشر جميع مؤلفاته بالعربية، في طبعات عديدة. كذلك جمعت رواياته وقصصه القصيرة ومسرحياته ومقالاته ونشرت في مجلدات، وترجم العديد من أعماله الأدبية إلى عشرين لغة. كما دخل بعض أعماله في مناهج المدارس والجامعات، وتمّ إخراج بعضها أعمالاً مسرحية وبرامج إذاعية عربية وأجنبية عدة، واثنتان من رواياته تحولتا إلى فيلمين سينمائيين. وما زالت أعماله التي كتبها في الفترة ١٩٥٦-١٩٧٢ تحظى اليوم بأهمية متزايدة.

الفهرس

مقدمة	٧
الفصل الأول: أدبُ المقاومة بعد الكارثة	١١
الفصل الثاني: البطل العربي في الرواية الصهيونية مقابل أدب المقاومة	٧١
الفصل الثالث: نماذج من شِعر المقاومة العربي	١١٣
توفيق زياد – الناصرة	١١٧
محمود درويش – البروة	١٢٥
سميح القاسم – الرامة	١٤٣
سالم جبران	١٥٩
متفرقات	
القروي	١٦٧
نايف سليم	١٦٩

مقدمة

تفتقر هذه الدراسة إلى عنصر أساسي يتوقف عليه عادة جزء جوهري من نجاح البحث، وهو وفرة المصادر.

لقد كانت محاولات تأريخ آداب المقاومة لدى شعب من الشعوب تتم عادة بعد التحرير، وذلك لأسباب بديهية لا داعي للدخول في تفاصيلها، ولكن بالنسبة لأدب المقاومة في فلسطين المحتلة فإن الضرورة تقتضي أن يكون القارئ العربي عموماً، والنازح الفلسطيني خصوصاً، على اطّلاع مستمر عليها لأنها – في الأساس – تتناوله بالذات وتخاطب فيه ما تخاطبه في عرب الأرض المحتلة، وتنطلق من حوافز هي بالذات حوافزه، وتتعامل، دونما شك، مع صلب قضيته.

شعوراً بمثل هذه الضرورة كان لا بد من التصدي لدراسة أدب المقاومة العربي في فلسطين، هذا الأدب الذي ظل مجهولاً بالنسبة

لنا طوال سنوات المنفى، بالرغم من أنه يشكل الجانب الأكثر إشراقاً في كفاح الشعب المغلوب على أمره.

إن تعقب الإنتاج الأدبي لعرب الأرض المحتلة هو عمل من أصعب الأعمال التي يمكن لباحث أن يتصدى لها، وهذه الإشارة ليست تبريراً لشيء ولكنها اعتذار عن أي تقصير.

إن أي بحث من هذا النوع لا يمكن أن يكتمل إلا إذا كان الباحث في داخل حركة المقاومة ذاتها في الأرض المحتلة، يأخذ استشهاداته من المكان الذي تولد فيه وتعيش وتنتشر: شفاه الجماهير..

ولما كان مثل هذا الموقع مستحيلاً الآن، فإن النتيجة التي يمكن الاطمئنان إليها، بعد قراءة الصفحات اللاحقة، هي أن أدب المقاومة في الأرض المحتلة هو أكثر اتساعاً وانتشاراً وخصباً من الشواهد القليلة المسجلة ها هنا، والتي كانت قاعدة أساسية للبحث.

إن هذه المقدمة تريد - أيضاً - الإشارة إلى نقطة أخرى: ليس ثمة منهج أكاديمي في البحث، وقد يكون البحث مفتقراً إلى «البرود الموضوعي» الذي يعطي عادة أي موضوع نقدي قدرته على الإقناع..

ولم يحدث هذا فقط لأننا طرف في مسألة المقاومة هذه،

ولكن أيضاً لأن الظروف الموضوعية التي ينمو فيها هذا الأدب داخل الأرض المحتلة هي ظروف شاذة ونادرة وغير خاضعة لأي مقياس.

قد يكون البحث إذن مفتقراً إلى المنهج الأكاديمي، ولكنه حاول جهده أن يتمسك بأمرين جوهريين هما تذكره الدائم في معرض تقييمه لأدب المقاومة الظروف الخاضعة التي استولدته، وإيمانه الذي لا يتزعزع - وهو «إيمان موضوعي» في نهاية المطاف - بقضية أدب المقاومة التي تستولد بالتالي التزامات ومهمات لا يمكن لهذا الأدب أن يكون إذا لم يكرّسها يومياً وفي كل حرف.

هذه الالتزامات التي تجعل شاعراً من الأرض المحتلة يقول:

«.. وأنت صديقتي العذراء
ما دامت أغانينا
سيوفاً حين نشرعها..
وأنت وفية كالقمح
ما دامت أغانينا
سماداً حين نزرعها!»

إن هذا التلخيص لالتزامات أدب المقاومة ومهماته، على صعيد جماهيري وصعيد شخصي في آن واحد، هو دليل على اختيار ذاتي. ولأنه كذلك فقد التزم البحث باحترام ذلك الاختيار.

غ. ك.

الفصل الأول

أدبُ المقاومة بعد الكارثة

حين وقعت كارثة فلسطين عام ١٩٤٨ لم تخلف تغييراً جذرياً في المجتمع العربي هناك من حيث العدد فقط، ولكنها أحدثت أيضاً هزة جوهرية في التركيب الاجتماعي لعرب فلسطين المحتلة.

فأكثر من ثلاثة أرباع الـ ٢٠٠ ألف عربي[1] الذين بقوا يومذاك في فلسطين بعد الاحتلال الصهيوني كانوا من سكان القرى. أما سكان المدن فقد هجرت الغالبية الساحقة منهم فلسطين إبان حرب الـ ١٩٤٨ أو بعدها بقليل، وأحدث هذا الواقع اهتزازاً صاخباً في جوهر المجتمع العربي هناك، ذلك أن المدن لم تكن فقط مركز القيادة السياسية ولكن أيضاً، كما في معظم الأحوال، مركز القيادة الفكرية الأساسي.

وهكذا فحين أحكم الاغتصاب الإسرائيلي طوق الحكم

(١) عدد العرب الآن (١٩٦٥) في الأرض المحتلة رسمياً ٢٦٢ ألف عربي - أي حوالي ١١٪ من مجموع السكان.

العسكري والحصار والقوانين القمعية على التجمعات العربية في الريف، وخصوصاً في الجليل والمثلث والنقب، كان الجو مهيأً له تماماً ليس لتحقيق عملية كبح خطيرة لأي تيار سياسي أو أدبي ينبثق من هناك فقط، ولكن أيضاً لزرع بذور في تلك التربة البكر لتيارات مشبوهة تدخل ضمن الحياة الصهيونية الأدبية والسياسية في الأرض المحتلة.

قبل كارثة ١٩٤٨ كان الأدب العربي في فلسطين يشكل رافداً له قيمته في ذلك التيار الذي شغل النصف الأول من هذا القرن، متخذاً من القاهرة بالذات مركزاً لانطلاقه ولانصبابه، متأثراً بالأقلام المصرية واللبنانية والسورية والتي كانت في ذلك الحين رائدة ثورية لمرحلة جديدة خاضها الأدب العربي بعد نوم طويل – وحتى الأدباء الفلسطينيون البارزون ظلوا فترة طويلة يدينون بشهرتهم إلى العواصم العربية التي كانت تفتح لهم صدورها وتتبناهم. لقد أسهمت عوامل كثيرة ليس هنا مجال تعدادها في حرمان فلسطين أدبياً من المركز الذي كانت تتمتع به سياسياً، ورغم ذلك فقد حقق الأدب العربي هناك، والذي ثبت فيما بعد أنه كان رائداً قومياً من الطراز الأول، ازدهاره اللائق.

وبعد النكبة لعبت الطلائع الفلسطينية المثقفة دوراً بارزاً في

منافيها ونجحت رغم كل ما يقال في وضع أسس عريضة، وفي قت قصير نسبياً، لأدب عربي يمكن وصفه بأدب المنفى أكثر مما ينطبق عليه وصف الأدب الفلسطيني أو أدب اللجوء، وكان الشعر بالذات هو الرائد في هذا المجال، وخلال سنوات المنفى الماضية حدث تطور نوعي بارز في طبيعة ذلك الأدب، فبعد النكبة مباشرة، كما هو متوقع، خيم الصمت أولاً كأنما هو نتيجة الذهول، ثم انفجر شعراً حماسياً صاخباً كأنه يتجاوب مع الضمير الشعبي الذي، إذ صحا من الذهول، لجأ إلى عدم التصديق، ولكن هذا الأدب الذي كان يكتب في المنفى لم يكن يخضع لهذا النوع من التأثر فقط – نعني التأثر بالضمير الشعبي – ولكنه كان يخضع أيضاً للتيارات الأدبية العربية والأجنبية التي كانت تفعل فعلها العميق والسريع في طبيعة حياتنا الأدبية. ونتيجة هذا التأثر المزدوج خضع أدب المنفى لتغير نوعي، في المضمون والشكل: فرضت التيارات الحديثة شخصيتها على التكنيك الأدبي، وفرضت المرحلة التي اجتازها الضمير الشعبي نفسها على المضمون: فبعد الشعر الحماسي الصاخب الذي شهدته أوائل الخمسينات حطم شعراء المنفى – على الأخص – العمود التقليدي من حيث الشكل، وغادروا الحماس الذي وجدوا فيه، لمرحلة من المراحل، تكذيباً شخصياً

للكارثة إلى نوع فريد من الحزن العميق.

مقابل هذا، ما الذي حدث على صعيد الأدب العربي في فلسطين المحتلة ذاتها؟

إن المعطيات هنا تختلف جذرياً.

فحين سقطت فلسطين في يد العدو لم يكن قد تبقى تقريباً في فلسطين المحتلة أي محور ثقافي عربي يمكن أن يشكل نواة لنوع جديد من البعث الأدبي، وكان جيل كامل من المثقفين، أو بالأحرى أجيال من المثقفين، قد غادرت فلسطين إلى المنفى – ولم يبقَ ثمة إلا مجتمع عربي قروي في غالبيته الساحقة، يخضع لحصار سياسي واجتماعي وثقافي يندر وجود ما يماثله في العالم.

إن كلمة «حصار ثقافي» لا توضح المقصود منها تماماً إلا إذا دخلنا إلى صميم ما تعنيه في الواقع:

أولاً: في الأساس كان القطاع الأكبر من العرب الذين بقوا في الأرض المحتلة يفتقرون، بحكم وضعهم الاجتماعي، إلى المستوى الثقافي الذي يفرخ في العادة جيلاً من الكتّاب والفنانين.

ثانياً: انقلبت المدن المجاورة التي كانت تحتضن الموهوبين القادمين من الريف وتفتح لهم أبوابها ونوافذها للمعرفة إلى مدن يهودية محرمة وعدوة.

ثالثاً: انتصب جدار من المقاطعة الثقافية القسرية مع الأدب العربي في عواصمه، فانقطع عرب الأرض المحتلة عن مواكبة التيارات الحديثة وتبادل التأثير معها.

رابعاً: فرض الحكم العسكري الاغتصابي نوع الإنتاج الأدبي المطلوب ذيوعه وشيوعه، وهو على أي حال ليس النوع الذي يريد عرب الأرض المحتلة إنتاجه.

خامساً: محدودية وسائل النشر، وخضوعها من ناحية لمراقبة السلطة، ومن ناحية أخرى لتمويل الأحزاب الصهيونية التي تشترط عند النشر نوعاً هو غير النوع الذي يعبر حقاً عما يريده عرب الأرض المحتلة.

سادساً: ضعف مستوى إتقان اللغات الأجنبية في أوساط عرب الأرض المحتلة، وخصوصاً الريف، أدى إلى انقطاع شبه كامل عن حركة الإنتاج العالمي وتأثيراتها.

❖ ❖ ❖

إن هذه النقاط الست توضح المقصود، إيجازاً، من كلمتي «حصار ثقافي» وينبغي وضعها في الاعتبار عند إجراء أي عرض

للإنتاج العربي في الأرض المحتلة الذي استطاع - رغم هذا كله - ألا يكون إلا أدباً مقاوماً.

في هذا الجو من الحصار يجب أن نتوقع أن يكون الشعر هو السباق في توجيه نداء المقاومة، ذلك أنه يستطيع أن ينتشر دون أن يطبع، وأن ينتقل من لسان إلى لسان.. وقد فرضت هذه الضرورة ما هو أكثر أهمية من إنتاج الشعر فقط، فرضت أسلوباً معيناً في هذا الإنتاج هو الالتزام بالعمود التقليدي الذي يحمل استعداداً أكثر لسهولة التداول، من ناحية، ولتلبية الحرارة العاطفية المطلوبة من ناحية أخرى.

إذا اعتمدنا المقاييس التكنيكية المعتمدة الآن في العواصم العربية فإن ما أنتج من الشعر العربي في الأرض المحتلة هو إنتاج، من حيث الشكل على الأقل، متخلف، وملتزم تماماً بعروض الخليل التقليدي، ولكن الأحكام النقدية تضحي بلا معنى إذا جردت من الظروف الموضوعية المحيطة بعملية الإنتاج الأدبي: إن الشعر الحديث الذي نراه الآن هو أقل قدرة على الانتشار كأدب هو من ضرورات المقاومة، من الشعر التقليدي، ثم إن الانقطاع شبه الكامل الحادث بين حركة الأدب العربي المتقدمة في العواصم العربية، وحركة الأدب العربي المحاصرة كلياً في الأرض المحتلة يحول دون

أن تأخذ تجربة الشعر الحديث مداها هناك.

إلى جانب الشعر الفصيح الذي قدم نفسه ملتزماً بالصيغ التقليدية، ظل الشعر الشعبي قلعة المقاومة التي لا تهدم.

ودور الشعر الشعبي في حياة فلسطين منذ العشرينات دور بارز جداً، والواقع أن الفلسطينيين هم الذين نقلوا إلى منافيهم الأهازيج والسحجات التي لا تكاد تخلو منها مظاهرة وطنية الآن في المشرق العربي، وقليل من الفلسطينيين من لا يعرف القصيدة الشعبية النادرة التي خلفها لنا مناضل فلسطيني مجهول شنق في ١٩٣٦ والتي ما لبثت أن أضحت صلاة فلسطينية في طول الأرياف وعرضها.

كان ذلك المناضل ينتظر تنفيذ قرار الشنق في الصباح حين كتب:

يا ليل، خلي الأسير تايكمل نواحو
راح يفيق الفجر ويرفرف جناحو
تايتمرجح المشنوق في هبة رياحو
شمل الحبايب ضاع وتكسروا اقداحو

❖ ❖ ❖

يا ليل وقف تا اقضي كل حسراتي
يمكن نسيت مين أنا
ونسيت آهاتي
يا حيف! كيف انقضت بيديك ساعاتي؟

❖ ❖ ❖

لا تظن دمعي خوف، دمعي على وطاني
وعا كمشة زغاليل بالبيت جوعاني
مين راح يطعمها بعدي؟
واخواني تنين قبلي عالمشنقة راحو؟

❖ ❖ ❖

وبكره مرتي كيف راح تقضي نهارها؟
ويلها علي أو ويلها على صغارها!
يا ريتني خليت في إيدها سوارها
يوم الدعتني الحرب تا اشتري سلاحها!

وقد ظل الأدب الشعبي بعد سقوط فلسطين عام ١٩٤٨ هو المكان الذي عبر فيه الشعب المغلوب على أمره عن أشواقه، ويبدو أنه حين كانت تتحول الأعراس في الجليل إلى مظاهرات عنف تندفع من تحت لسان القوالين والشعراء الشعبيين لم يكن بوسع سلطات الاحتلال الصهيوني إلا أن تفتح النار على المتظاهرين، وقد اضطرت هذه السلطات فيما بعد إلى تقديم عدد كبير من القوالين إلى الحاكم العسكري، وأن تضع رقابة صارمة على تحركاتهم..

ورغم ذلك فإن الكلمة تفعل أكثر من فعل النار وتستطيع أن تخترق حصارها، ففي أيار/مايو ١٩٥٨ اشتبك متظاهرون عرب في الناصرة مع شرطة العدو، وتطور الاشتباك إلى سقوط قتلى، ولكن المتظاهرين الذين كانوا يشدون أكتافهم إلى بعضها اندفعوا نحو صفوف الشرطة فمزقوها ودحرجوها على الطريق، ومنذ ذاك تفتحت في الجليل أزهار أهزوجة جديدة:

... والناصرة ركن الجليل	فيك البوليس مدحولي
أرض العروبة تحررت	دايان شيل وارحلِ
إخواننا في بور سعيد	إلهم تاريخ مسجلي
لو وقعت سابع سما	عن أرضنا ما بنرحل

١٩

ويتجاوب الشعر الشعبي في الأرض المحتلة - كما يحدث للشعر الفصيح كما سنرى - تجاوباً مذهلاً مع الأوضاع والحركات العربية. فالأبيات التي تأتي وراء الأهزوجة التي ذكرناها، حين يتغير اللحن الجماعي، تقول:

بن بللا أكبر زعيم   كرسي التحرّر اعتلي
يا غرب شو نابك ملعدوان   غير الذل والبهدلي

وحين صدرت أوامر موشيه دايـان، الذي كان آنذاك وزيراً للزراعة، بمصادرة خمسة آلاف دونم من الأراضي العربية في قرى نحف والبعنة ودير الأسد، في منطقة اسمها الشاغور، كانت أهزوجة أخرى تقود الصدام الدموي الذي حدث يومذاك:

نادى المنادي في الجليل   أرض العروبة للعرب
شاغورنا مالك مثيل   وترابك أغلى من الذهب
وبوحدة رجال الشاغور   أمر المصادرة انشطب
دايان أمرك مستحيل   بالوحدة راح ينشطب

وتأتي، من ثم، السحجة التقليدية:

هبت النار والبارود غنى

تسلم لينا يا بو خالد

يا حامي ظعنا

هبت النار من عكا للطيرة

تسلم لينا يا بو خالد

يا حامي هالديرة

ويتغيّر اللحن:

شديتلك جدعيتين بالكون منصوبة

جدعية تسبق هبوب الريح لو جاها

تسلم لينا يا بو خالد يا حامي العروبة

لو تسمع رج الزغاليط

نوبة على نوبة

ويمضي الشعر الشعبي إلى أبعد من ذلك فيلوك في سخرية

مريرة، جارحة حتى العظم، سمعة الخونة الذين يتعاملون مع العدو، ويجعل منهم مثلاً من أمثلة الانحراف الوطني يخشون، بعده، المضي وحدهم في الأوساط العربية.

فعن الخونة الذين خاضوا مع إشكول الانتخابات في قائمة أعطيت اسم «المعراخ» تردد القرى العربية في الجليل والمثلث:

أما اتفرج يا سلام	عالعجايب والتمام
شوفو فرسان المعراخ	داخوا ومعلمهم داخ
شوفو سيف وشوفو دياب	أخشاب بشكل النواب
مع جبر وعوض ونخلة	وسليم وباقي الشلة
كل من يستنى سيدو	إشكول تيحرك إيدو
أما شوفو يا إخوان	عجايب تالي الزمان
زلم تجمع لهموم	مع الظالم عالمظلوم
لازم نصفع على طول	كراكوزات ليفي إشكول!

إن الشعر الشعبي في الأرض المحتلة لم يكف أبداً عن القيام بدوره في المقاومة، مستعملاً كافة الوسائل التي يستطيع الذكاء الشعبي تجنيدها ليجعل منها سلاحاً وقت الحاجة. وكثير من عرب

الأرض المحتلة يعتقدون أن مصرع الشاعر الشعبي المعروف باسم حميد في أم الفحم في أواسط الخمسينات، وهو على رأس تجمع، كان محاولة للوقوف في وجه آلاف من المواويل والعتابا والميجانا التي كان يزرعها في طول الجليل وعرضه ضد الاغتصاب وحكم الاغتصاب.

ولكن إذا كان الشعر الشعبي يفرخ في البراري والبيوت والأعراس والمآتم، ويكون في غالب الأحيان إنتاجاً جماعياً يتطور كلما انتقل من لسان إلى آخر، ويشكل ظاهرة ليس بالوسع – مهما اعتمدت وسائل الإرهاب والبطش – وقفها، وليس من الممكن العودة بها إلى مصدر واحد ليحل به العقاب ويفرض عليه السكوت. إذا كان الحال هكذا مع الشعر الشعبي فإنه ليس كذلك مع الإنتاج الأدبي الفصيح.

❖ ❖ ❖

لقد ذكرنا فيما سبق الوسائل العديدة التي يعتمدها العدو للوقوف في وجه أية محاولة للتعبير، عن طريق الإنتاج الأدبي، عن حقيقة مشاعر عرب الأرض المحتلة ومطالبهم.

وما دام بوسع العدو التحكم في نوع الكتب العربية التي

ترغب المؤسسات الخاصة في إعادة طبعها داخل الأرض المحتلة فإنه، بالطبع، يستطيع أن يفرض مستوى معيناً من الإنتاج، ومضموناً معيناً أيضاً.

وهذا الطوق الفولاذي الذي تضربه سلطات الاغتصاب حول الثقافة العربية لا يقتصر على إغراق النهم العربي للقراءة في ركام من الكتب الرخيصة والتافهة، ومراقبة الإنتاج الأدبي العربي رقابة صارمة فقط، ولكن أيضاً في محاولة الحيلولة دون نشوء جيل عربي مثقف يكون نواة لانفتاح أوسع على الآفاق الفنية المعاصرة.

فعدد الطلاب العرب الثانويين في الأرض المحتلة هو حوالي ٣ بالمئة من مجموع الطلاب اليهود، فيما تقارب نسبة العرب الذين هم في أعمار الدراسة الثانوية بالنسبة للطلاب اليهود ١٢ بالمئة على الأقل[٢].

ويوجد مئة طالب عربي فقط في المعاهد العليا بالأرض المحتلة، أي أقل من واحد بالمئة من مجموع الطلبة اليهود، بينما كان ينبغي – إذا تحدثنا بالأرقام – أن يكونوا ١٢ بالمئة.

ورغم ذلك فالمشكلة هنا أكثر تعقيداً: فالمدارس الابتدائية العربية مرغمة على إعطاء برامج دون مستوى المدارس الابتدائية

---

(٢) الاحصاءات رسمية وتخص عام ١٩٦٥.

اليهودية، وهذا وحده يحول دون عدد كبير من الطلاب العرب من أن يتابعوا دراساتهم الثانوية.

وحتى في المدارس الثانوية يتلقى العرب دروساً في اللغات الأجنبية دون المستوى المطلوب، الأمر الذي يؤدي إلى عجز الكثيرين منهم عن النجاح في الشهادة الثانوية، وعجز أولئك الذين ينجحون عن إكمال دراساتهم العالية.

وقد أثبتت إحصاءات رسمية أن غالبية الطلاب العرب يغادرون مدارسهم بين الرابعة عشرة والخامسة عشرة من أعمارهم للعمل على كسب اللقمة، وأن ٩٠ بالمئة من الطلاب العرب الذين يدخلون المرحلة الدراسية الثانوية يغادرونها إلى العمل وليس إلى إكمال الدراسة.

إن عشرة بالمئة فقط من مجموع الطلاب العرب ينجحون كل سنة في الشهادة الثانوية، وأولئك الذين يستطيع وضعهم الاقتصادي والاجتماعي تأهيلهم لدخول الجامعة يتعرضون إلى سلسلة من الشروط تمنعهم من الدراسة في كليات معينة – أما الكليات المخصصة للدراسات الأدبية الشرقية فهي تعاني من نقص فادح في المؤهلات، وهو نقص متعمد.

وبعد تخرج هذه القلة القليلة فإنها تتعرض لسلسلة أخرى من

الاضطهادات السياسية والإدارية ومحاولات مستمرة لتحطيم معنوياتها ومؤهلاتها، وغالباً ما تكون البطالة هي المصير، أو التوظيف، في أحسن الحالات، في مجالات غير مجالات اختصاص المتخرج.

ولقد أدى هذا الوضع إلى تحطيم مستمر لكل الأجيال الثقافية العربية التي كانت على وشك لعب دورها الرائد، وكانت نوعية الثقافة العربية المفروضة على السوق العربية تعمل، من جهتها، في تحطيم المستوى الثقافي العربي من ناحية أخرى.

إن الوضع الثقافي العربي في الأرض المحتلة يخضع دائماً لمحاولات يهودية مستمرة لجرّ المثقفين العرب إلى داخل الدائرة الصهيونية - ولا يهم السلطات الإسرائيلية أن ينتسب المثقف العربي إلى المعارضين الصهاينة، أو إلى الموالين الصهاينة، ما دام يصدر عن قاعدة غير الشخصية العربية.

وفي سبيل ذلك فهي تسمح للصحف أن تصدر بالعربية، إذا كانت ترتبط بمؤسسة صهيونية، وتسمح للكتب الصادرة في العواصم العربية أن يعاد طبعها في الأرض المحتلة إذا لم تكن تتعامل مع مسألة القومية العربية.

وأكثر من ذلك فهي تشجع اليهود القادمين من البلاد العربية على نشر إنتاجهم بالعربية زيادة في التشويش، وليس من قبيل

الصدفة أن تكون ثلاث من الصحف الست عشرة التي تصدر بالعربية في الأرض المحتلة إنما يحررها ويصدرها يهود قدموا إلى إسرائيل من البلاد العربية، كما أنه ليس من قبيل الصدفة أن تكون أول رواية عربية طبعت في إسرائيل هي رواية إبراهيم موسى إبراهيم، اليهودي العراقي.

إذن يوجد في الأرض المحتلة ١٦ صحيفة تصدر بالعربية، واحدة منها يومية (وهي للحكومة) وثمان أسبوعية، وسبع شهرية، كلها على الإطلاق تتبع الأحزاب الإسرائيلية الصهيونية وتعبّر – داخل الدائرة الصهيونية – عن وجهة نظر موالية أو معارضة.

وتقدر السلطات الإسرائيلية عدد الذين يكتبون بالعربية، من شعراء وكتّاب، في الأرض المحتلة بـ ٢٨ شاعراً وكاتباً بينهم ٨ من اليهود الشرقيين.

ولكن الذي صدر وطبع من الكتب العربية في الأرض المحتلة بعد ١٩٤٨ لا يتعدى خمسة عشر ديواناً شعرياً وحوالي خمس روايات، لا داعي للحكم هنا على أكثرها – ما دامت قد حصلت قبل ذهابها للسوق على إذن الرقيب.

في السنوات الأولى لقيام إسرائيل لم ينشر سوى شعر غرامي، لم يلاق أي تجاوب من الجمهور وظل كاسداً: كانت ثمة محاولة منذ

البدء لتحويل الأنظار إلى هذا النوع من الشعر، ومعظم الذي نشر كان ركيكاً وتافهاً شكلاً ومضموناً، ولكن قدوم عام ١٩٥٢ بثورة تموز/يوليو المصرية أحدث الهزة المرتقبة.

وبعد ١٩٥٢ فوجئت الصحف اليهودية التي اعتبرت أن ثلاث سنوات من الشعر الغرامي قد أثبتت شيئاً، بتغير نوعي حاسم في الرسائل التي بدأت تتلقاها بعد أن أعلنت استعدادها لنشر أي إنتاج شعري لعرب الأرض المحتلة.

واتخذت الصحف اليهودية قراراً بعدم نشر هذا الإنتاج القومي، فلجأ العرب إلى إقامة أمسيات شعرية في القرى كانت تنقلب دائماً إلى مظاهرات وطنية بسبب شدة الإقبال والحماس، وبعد أن سيق معظم الشعراء العرب الذين شاركوا في هذه الأمسيات مرات عديدة إلى حكام قراهم العسكريين للاستجواب صدر قرار بمنع إقامة مثل هذه الأمسيات، وهو أغرب قرار يمكن أن يتخذه نظام من الأنظمة.

❖ ❖ ❖

على أن هذا القرار لم يكن ليستطيع إيقاف الاندفاعة التي انتظرت خمس سنوات لتنطلق.

إن الذي حدث داخل الأرض المحتلة لم يكن في الواقع إلا الوجه الآخر لما حدث بين شعراء المنفى الفلسطينيين: ففي حوالي تلك الفترة كان شعر المنفى قد بدأ يتحول، بالتدريج، من الحماس الصاخب إلى الحماس الحزين ولكن الأكثر أملاً.. كانت مرحلة «عدم التصديق» قد انتهت نهاية مريرة حين صار الواقع أكبر حجماً من أن يغطى بالتجاهل. وقد حدث الشيء ذاته - مع حفظ الفروق التي تفرضها الظروف - بين الأدباء العرب في الأرض المحتلة: لقد انتهت وصلة عدم التصديق التي فشل شعر الغزل في تغطية ضخامتها، ووجد الشعراء العرب أنفسهم - على وجه الخصوص - يواجهون ما بات يصطلح على تسميته الآن بـ «القضية»..

ولكنهم واجهوها من الطرف المقابل لذاك الذي اختاره أدب المنفى فاختاروا التحدي.

سوف ننتظر عشر سنوات أخرى حتى يقدّم لنا شاب من البروة، في فلسطين المحتلة، اسمه محمود درويش، تفسيراً رائعاً لحلقة كانت مفقودة في تلك الفترة التي شهدت قفزة الأدب العربي في

الأرض المحتلة من الغزل إلى الشعر القومي دفعة واحدة.

وسنرى في شعر الدرويش، الذي قاله في أواسط الستينات، ذلك المزج العميق، الهادئ، المتدفق بين المرأة والوطن ليجعل منهما معاً قضية الحب الواحدة التي لا تنفصم.

إن ظواهر من هذا النوع قد شهدها - في وقت لاحق - أدب المنفى، إلا إن أدب المقاومة في الأرض المحتلة صاغها ببساطة أعمق وأكثر قوة على الإقناع، وأكثر قرباً من المرأة والأرض معاً.

سنعود فيما بعد بتفصيل أكثر إلى هذه الناحية، إلا إن ما ينبغي الإشارة إليه الآن هو أن شعر الغزل الذي تدفق مباشرة وبكثرة في أعقاب الكارثة لم يكن - كما يبدو للوهلة الأولى - ظاهرة مقطوعة الجذور عن شعر المقاومة.

لقد واجه عرب الأرض المحتلة، فور التمزق الذي جاء مع الهزيمة، انفصاماً مباشراً في علاقاتهم الصغيرة: تركت الغالبية من العرب أرض فلسطين، فبدا الموقف للقلة التي بقيت نوعاً من «الهجران» أصابها في صميم علاقاتها اليومية أكثر بكثير مما أصاب النازحين، وكانت «القضية» تكمن في كل مأساويتها وضخامتها وراء ذلك الهجران.. لقد احتاج عرب الأرض المحتلة إلى خمس سنوات ليكتشفوا أنهم لم يخسروا أهلهم وأحباءهم فقط ولكن وطنهم أيضاً،

وأن «التمزق» كان يبدو في ظاهره أكثر فجيعة لأنه أصاب الأحاسيس الفردية أولاً ولأنهم - في نهاية المطاف - لم «يتركوا» وطنهم.

لقد تدفق الغزل ليس فقط ليعوض شعوراً مريراً بالوحدة والاغتراب، ولكن أيضاً ليشدّ من جديد علاقات جديدة في ذلك التجمع الصغير الذي اكتشف فجأة أنه صار «أقلية» مغلوبة على أمرها وسط زحام غريب.

وحين أخذ الإحساس بالهزيمة وفقدان الوطن مداه ارتدت كل تلك العواطف إلى الطرف الآخر فبنت «الأقلية» العربية المغلوبة على أمرها، مع ظروفها الجديدة، علاقة من نوع جدير هو الآخر بإشعارها بقوتها ووجودها، وهي علاقة التحدي والنزال.

بعد عشر سنوات سينجح الدرويش، وغيره من شعراء الأرض المحتلة الشباب، في تجنيد هاتين العاطفتين اللتين هما - في أعماق الإنسان - عاطفة واحدة، داخل موقف المقاومة الذي اختاره أدب الأرض المحتلة.

إلا إن موقف المقاومة لم يكن اختياراً سهلاً، بل كان معركة يومية مع عدو خبيث يعتبره مسألة حياة أو موت.

لقد رأينا كيف لجأ الحكم العسكري بوحشيته إلى سياسة القمع.. إلا إن القمع لم يكن سلاح الاغتصاب الوحيد، فقد كان

سلاحه الآخر الأكثر قدرة على الفتك هو سلاح التضليل و«التوجيه» على كافة المستويات.

وكانت مهمة «التوجيه» هذه مهمة مزدوجة: فمن ناحية كانت الدولة تقوم بقسطها عبر جريدتها ومنشوراتها وبرامجها التعليمية وتوجيهها الثقافي، ومن ناحية ثانية كانت الأحزاب الصهيونية المعارضة تقف لتتلقف، في مواقفها المعارضة المغرية، من يجتاز أفخاخ الحكومة.

ففي عام ١٩٥٨، قام حزب المبام المعارض، وهو حزب يهمه جداً أن يضمن الأصوات العربية في الانتخابات بأية وسيلة، بإنشاء شركة لنشر الكتب العربية الصادرة في البلاد العربية.

وكان الحزب يعتمد في ذلك على نهم القارئ العربي المعزول من ناحية، وعلى رغبته في طبع كتب ذات لون معين هي تلك التي لا تعكس روحاً وطنية أو تقدمية.. وبالفعل قام في العام بنشر بعض الكتب الغرامية التي كان معظمها تافهاً وبأقلام كتّاب مغمورين غير موهوبين من حيث الأسلوب وغير جادين من حيث الأفكار.

وقد شجع إقبال القارئ العربي الظامئ على توسيع هذه التجارة: فانطلق رجال الأعمال اليهود إلى إغراق الأسواق العربية بالكتب التافهة والرخيصة والتي يصطلح عادة في تسميتها

بـ«المفسدة». وطبع الشيوعيون - الذين يتعاملون سياسياً بصورة بـارزة مع عرب الأرض المحتلة - بعض الكلاسيكيات القديمة والمنشورات الماركسية.

ولكن مسألة النشر بقيت محدودة وخاضعة لشروط لا تحتمل: وكانت الأزمة ذاتها تشتد فداحة على الصعيد السياسي. فانشق عن الشيوعيين بعض الأعضاء العرب البارزين ليؤلفوا جبهة «الأرض» العربية التي ما لبثت - بسبب خروجها عن الطوق الصهيوني المسموح به - أن منعت.

عام ١٩٥٩ بدأت منظمة الأرض تطبع نشرة، مستفيدة من قانون إسرائيلي يسمح لأي مواطن بإصدار نشرة واحدة في السنة دون إذن من دائرة المطبوعات، وأصدرت الأرض عام ١٩٥٩ ثلاث عشرة نشرة كانت تطبعها تحت أسماء مختلفة: الأرض - شذى الأرض - صرخة الأرض - دم الأرض - روح الأرض - في مطبعة صغيرة في عكا يملكها سليم الزيبق، وكان عددها الأخير خاصاً بعيد النصر في بور سعيد حيث ملأت صورة عبد الناصر الصفحة الأولى، وحملت الصفحات الأخرى النص الكامل لخطابه يومذاك في بور سعيد.

ويبدو أن هذا العدد أطار صواب المسؤولين الذين لم يكونوا يتوقعون أن تجتاز «الأرض»، عبر بوابة القانون، كل شيء، فاعتقلت

المسؤولين عن النشرة، وأعقبتها بحملات من الاعتقالات، ثم أصدرت قرارات نفي بحق قادة المنظمة.

في هذه النشرة التي صدرت ١٣ مرة، والتي تتداول الأيدي العربية في فلسطين المحتلة أعدادها الموشكة على التمزق بقدسية لا مثيل لها، تنفس شعر المقاومة العربي للمرة الأولى مرتين أو ثلاث مرات.

وفي ١٩٦٠ قام الأدباء العرب بمحاولة أخرى، فقد انتهزوا فرصة وجود الكاتب اليهودي بنيامين تموز، وهو من مواليد فلسطين ويقدم نفسه كصديق للعرب، انتهزوا فرصة وجوده فعقدوا معه حلفاً شفهياً يسمح لهم بمقتضاه أن يتخذوا من بيته منتدى يلقون فيه الشعر ويدعون إلى السماع من يقدر على الحضور، ويتبنى هو – ما دام يقدم نفسه كصديق للعرب – مسألة نشره في المكان الذي يراه.

وكانت التجربة الأولى محزنة: فقد أعجب بنيامين تموز بقصيدة ألقاها شاعر عربي تصف تدمير قريته على أيدي الصهاينة عام ١٩٤٨، فترجمها إلى العبرية ونشرها، وفور أن حدث ذلك قُدم الشاعر العربي إلى المحاكمة بتهمة «العداء للدولة» وأقيل من منصبه التعليمي، ولما لم ينبرِ أي كاتب يهودي للدفاع عنه مات **ذلك الاتفاق الشفهي.**

٣٤

وبعد عام واحد بذل الكتّاب العرب في الأرض المحتلة محاولة أخرى، فأوعزوا للروائي اليهودي أهارون مجيد أن يقترح على جمعية الكتاب الإسرائيليين قبول الأدباء العرب في صفوفها وتوفير الحماية لهم، إلا إن هذا الاقتراح رد بالأكثرية، ولم يوافق عليه إلا اثنان من أعضائها الذين يزيدون على السبعين.

وأحدثت هذه المحاولات جميعها قناعات نهائية بالنسبة للشعراء والكتّاب العرب باستحالة ذلك الأسلوب، وصار من الضروري أن يحدد كل أديب انتسابه بصورة واضحة لا تزييف فيها ولا محاولة تحايل على القانون - ويبدو أنه في هذه الفترة التي واجه فيها الأدباء العرب هذا الاختيار كان على العرب الذين يعملون في السياسة أن يختاروا أيضاً. فانشق الحزب الشيوعي الإسرائيلي إلى حزبين: يهودي وعربي، وأتيحت للحزب العربي الذي كان يشرف على جريدة «الاتحاد» فرصة الاستئثار بها وفتح أعمدتها، بحد أقصى من الشجاعة الممكنة، للأقلام العربية التي بدأت تتجه إلى الرمز.

وعلى صفحات هذه الجريدة نشر سميح القاسم، وهو شاعر من الرامة، أجزاء من قصيدة رمزية هي عمل فني جيد، اسمها «أرم» من أربعة أناشيد عن العرب في الأرض المحتلة بصورة ليست مغرقة كثيراً في الرمزية، كما نشر كاتب اسمه توفيق فياض مسرحية رمزية

أخرى اسمها «بيت الجنون»، وقصة اسمها «المشوهون».. ونشر محمود درويش أجزاء من «عاشق من فلسطين».

ولكن الميدان الحقيقي لأدب المقاومة ظل في مساحات القرى، والمهرجانات العنيفة، ونشره الحقيقي الواسع ظل عن طريق الحفظ..

ومن المصادر القليلة في هذا المجال يستطيع الناقد أن يسجل ملاحظتين أساسيتين:

— أولاً: الشعر في الأرض المحتلة، عكس شعر المنفى، ليس بكاءً ولا نواحاً ولا يأساً، ولكنه إشراق ثوري دائم وأمل يستثير الإعجاب.

— ثانياً: يتأثر الشعر العربي في الأرض المحتلة بسرعة مذهلة وبتكيف كامل مع الأحداث السياسية العربية ويعتبرها إكمالاً لموضوعه وجزءاً من مهماته.

❖ ❖ ❖

فإبان العدوان الثلاثي على مصر، وحتى قبل أن ينجلي الدخان، ألقى حبيب قهوجي، وهو قروي من فسوطة برز اسمه فيما بعد

كأحد قادة «الأرض» الأربعة (وهو منفي الآن في طبرية)، قصيدة في اجتماع شعبي خاطف في حيفا:

تفجر من صميمي يا قصيدي

جريء اللحن تسخر بالقيود

وأرسلها مجلجلة تدوي

إلى أرض القتال وبور سعيد

إلى الأبطال قد طاروا خفافا

لصد الغزو كالقدر المبيد

❖ ❖ ❖

أتنذر بالدمار جمال مصر

وترجو النصر خفاق البنود

جهنم أرضنا في وجه غاز

وفردوس لكل أخ ودود

ثم يقول:

قبعت بقرب مذياعي شرودا
وروحي عندكم رغم السدود
تحرق مهجتي وتذيب نفسي
معانقة المعارك من بعيد....

وفي الفترة ذاتها تقريباً ردّد عرب الأرض المحتلة مع الناصري الشاعر حنا أبو حنا قصيدة أخرى يقول فيها:

بور سعيد الصمود ميناء عز
بك رست أحلامنا المعسولة
وعلى صخرة الخليج على شطيك
تفنى كل الجيوش الدخيلة
هتف المجد بالرجال فهبوا
.. أي حر يطيق الحياة الذليلة!

وللشاعر محمود سليم درويش، من البروة التي هدمها اليهود، ديوان شعر مطبوع، اسمه «عصافير بلا أجنحة» عن إفريقيا ونضالها التحرري، لا تخطئ فيه الأذن على الإطلاق النغم الحقيقي المقصود.

ويردد عرب الأرض المحتلة للشاعر الدرويش قصيدة اسمها «ليلى من غزة» يصف فيها مصير فتاة عربية من القطاع بعد دخول اليهود إليه في العدوان الثلاثي. وتلتمع في هذه القصيدة شفرة نصل جارحة. فالشاعر الذي هدمت قريته والذي يعيش في قيود الاغتصاب يمضي في رثاء تلك الفتاة وتحيتها وتشجيع أهلها على الصمود.

وحين هدموا قريته جعل أهل الجليل يرددون معه:

أنا في ترابك يا بلادي رعشة الدفء الفتية
أنا في كروم التين في قلب البراري العسجدية
وهنا جذوري في ترابك كيف تقلعها أياد أجنبية؟

ويقول في نهاية القصيدة:

ما جئت أبكي يا رفاق أحبتي
حملت جراحي حقد مليون
بأرض الغربة!

وهو نفسه الذي يقول:

أأجوع يا بلدي ويشبع غاصب
جعل البقايا من عظامي موائدا
أنا ثائر لك يا تراب بلادنا
أنا ثائر لك يا شقيقي العائدا
ولكي يظلّ النهر ثراً صاخبا
ناديت أدفع للمصب روافدا

إلا إننا سنشهد تطوراً سريعاً في شعر محمود درويش هذا – وهو تطور مرموق ليس من حيث المضمون والقدرة الشعرية فحسب، بل من حيث الشكل أيضاً. وهو إلى جانب الشاعر سميح القاسم سيقود بالتدريج الواعي حركة الخروج عن العمود التقليدي واللحاق بالأسلوب الحديث دون أن يفقد حرارته.

لقد غنى شعراء الأرض المحتلة العرب مشاكل البلاد العربية وأحداثها، وتجاوبوا بأسرع مما تجاوب كثير من شعراء العربية مع المعارك والصدمات التي حفلت بها الساحة العربية خلال السنوات الماضية.. ليس ذلك فقط، بل إن شعرهم يطل على تلك الأحداث

من مواقع أكثر أملاً وصموداً. لقد رأينا قبل سطور تلك المفارقة الجارحة التي جاءت في قصيدة الدرويش عن «فتاة من غزة» حين يشجعها وكأنه هو الطليق، ويزرع الآمال في صدور أهلها وكأنه هو الذي يقف على الطرف الآخر من الجبهة.. إن هذه الروح لم تفارق شعر المقاومة في الأرض المحتلة على امتداد السنين، وللشاعر الدرويش نفسه قصيدة أخرى يقول فيها:

..وأنت كنخلة في الذهن
ما انكسرت لعاصفة وحطاب
وما جزت ضفائرها
وحوش البيد والغاب..
ولكني أنا المنفي خلف السور والباب

وسرعان ما تطور هذا الاحساس إلى مرحلة متقدمة في قصيدة أخرى يخاطب فيها «الفتاة» الفلسطينية خارج الأرض المحتلة:

ونعبر في الطريق
مكبلين

كأننا أسرى
يدي - لم أدر - أم يدك
احتست وجعاً
من الأخرى؟

ويتقدم إلى مرحلة أكثر صميمية بعد هذه الإشارة البارعة فيقول لها:

لعلي صرت منسياً لديك؟
كنغمة في الريح
نازلة إلى المغرب
ولكني إذا حاولت
أن أنساك
حط على يدي كوكب!

ذلك أن علاقته «بالخارج» هي قدره، وهي ذات العلاقة التي عبرت عنها قصيدة أخرى لسميح القاسم عن اليمن:

لا يعبر بالشباك صباح
إلا وتطل من الأفق المعبود جراح:
جرح في صدر صعيدي أسمر
جرح في صدر حديدي أسمر
وجراح في صدر تعز السمراء
تسقي زنبقة الحرية
في سفح الجبل الأحمر
وتسيل ربيعاً في عطش الصحراء..
صحرائي العربية

إن التشديد على «صحرائي» العربية هو ذاته ما يجعل الشاعر يطل على المسألة كلها من مواقع أكثر أملاً وصموداً:

... فكهوف الشاي الأسود والقهوة والقات
صارت ثكنات
ورجالي من أسيوط وبور سعيد
كثر كثر
والنصر أكيد

تراه يتحدث عن «قضيته» أم عن «قضية اليمن»؟ إنه بلا شك يقف في الرؤيا الواضحة، الصريحة والحقيقية والبسيطة، ذات وقفة الدرويش حين لا يجد فرقاً بين حبه لوطنه وحبه لامرأة.

إن العلاقة بين أدب المقاومة وبين المعارك العربية خارج الأرض المحتلة هو تلاحم طبيعي... لقد رأينا كيف عبر الشعر الشعبي ببساطة عن هذه الحقيقة.. إن الشاعر محمود دسوقي من الطيرة في المثلث يدخل هذا العالم المتلاحم من بوابة التفاصيل الصغيرة فيعطيه طعماً أكثر بداهة.. وربما يكون هذا الشاعر بالذات هو أكثر شعراء الأرض المغتصبة تجاوباً مع الأحداث العربية: فقد غنى للجماهير على مدار سبع سنين ملاحم الثورة الجزائرية، وله قصيدة عن رجاء أبي عماشة، وأخرى عن ناديا السلطي وثالثة عن جميلة بوحيرد.

وحين نشر الإمام أحمد قصيدته الشهيرة عن الاشتراكية، رد الدسوقي بقصيدة أخرى هاجم فيها الملوك العرب الرجعيين جميعاً، وحين وصل إلى الإمام أحمد قال:

... وبثالث لبس العمامة صار في صنعاء شاعر
وطن يباع ويشترى وزعامة للغرب تاجر

وطن يباع ويشترى	وزعامة تلهو، تقامر
هذا يمجد أصله	وبجده دوماً يفاخر
«أنا ابن بنت محمد	من جاء مكة بالبشائر»
لو كان من نسل النبي	لصرت بالإسلام كافر

* * *

على أن الشعراء العرب في الأرض المحتلة كانوا دائماً أكثر تجاوباً بالطبع مع المشاكل اليومية التي كانت تواجههم والتي كانت بالتالي تشكل في مجموعها المحاولة الإسرائيلية المزمنة لتكريس الاغتصاب وسحق الشخصية العربية في الأرض المحتلة.

لدينا قصيدة لشاب من اللد عن مشروع المياه الإسرائيلي المعروف الذي أدى إلى تهديم عدد من القرى العربية، ولسوء الحظ ليس لدينا النص العربي لهذه القصيدة.

تقول الترجمة، بعد أن يصف الشاعر جو القرية العربية:

... ثم مات العيد
وتلاشت الأغنية

ولن يكون هناك أي عيد
في العام القادم
الأطفال لن يلعبوا الطرة
الطيور ستصمت
بائع الكعك لن ينادي على كعكه
ولن يحضر الشيخ ثوباً جديداً
لابنته الحسناء

* * *

أغنية أخرى تلف القرية
أغنية صفراء حزينة
الدموع تسقط من العيون الصامتة
تحولت الحقول إلى حرباء
تغير لونها من الأخضر إلى البني
إلى الرمادي..

* * *

الشيخ أبو عليا تعيس
ليس ثمة ثوب أخضر للعيد
إنه يوم الحداد

وليس يوم الأغنيات
❖ ❖ ❖

الفجر أسود
الشمس حجر أسود معلق في السماء
تحطمت الحقول تحت أسنان آلات وحشية
الأطفال يبكون بوهن
القرويون يقفزون عاجزين
ويبكون أيضاً.

إن التصدي، حين يتجاوز حدود الشجاعة، لا يجد ما يلجأ إليه غير السخرية.
حين تكون عين الظلم مفتوحة على سعتها ويكون المغلوب على أمره شجاعاً فإنه لن يجد في نهاية المطاف ما هو جدي أكثر من السخرية، على اعتبار أن الوضع المواجه برمته هو وضع لا يمكن اعتباره أكثر من مؤقت: كارثة اليوم ومهزلة غداً.
حين يرى العربي في الأرض المحتلة – مثلاً – مجلساً بلدياً في قريته يتكرر لمدة ١٧ عاماً بصورة عميلة ومزيفة وشكلية، فماذا يستطيع أن يقول عنه؟

نايف صالح سليم، من الجليل، يعطي جواباً:

ومجلس في قريتي	يمشي بحسن النية
مسلم أموره	لخالق البرية
أعضاؤه لحبهم	في الجاه والحرية
ينسونه لحاجة	صغيرة بيتية
وبعضهم قد اكتفى	بلقب العضوية
وبعضهم في صمته	كالصورة الرمزية
وقد رأيت البعض من	جلساته العصرية
والكل فيها صامت	ماش على السجية
وإن هم تحدثوا	ففي حديث ميت
تلفظه أفواههم	لفظاً بلا روية
يلقونه كأنهم	يلقون بالتحية
ويصرخون دائماً	في الجلسة السرية
قانونهم أحكامهم	كالحكم الدينية
وكل ما في قريتي	يبنى على النسبية
بيوتها، مياهها	كأرضها الصخرية
نرفعها نزرعها	بالأكتف المحنية

خيراتها تنبع من	أجسادنا المضنية
ونحن في الشقاء	والضائقة المالية
ولن نظل هكذا	نباع بالكمية
فنحن في عصر انطـ	ـلاق السفن الكونية

من هذه النغمة الساخرة يردد أهالي البقيعة قصيدة لمجهول يعارض فيها قصيدة عنترة التي يقول فيها: «أنا في الحرب العوان غير مجهول المكان».

وكان جبر معدي، المعروف بتعاونه مع سلطات الاحتلال، قد زار البقيعة فرفض الجميع استقباله أو حتى رد السلام، وحين ترك القرية عارض شاعر مجهول قصيدة عنترة المذكورة على لسان العميل:

أنا في تالي زماني	صرت رمزاً للهوان
ساء فعلي فغدا	يهرب مني من يراني
شاربي طولته	أوصلته عيني وذاني
ولقد هندزت قمبازي	على الطرز اليماني
غير أن الله قد شقلب	مجدي بثوان
ولقد ولّى زماني	ورماني عن حصاني

إن هذه السخرية الصامدة تستثير الدهشة في الواقع، فلا شك في أنها نابعة من شعور صميمي بأن ما يحدث هو مؤقت، وأن التغيير سيقع ذات يوم، ويمر الكابوس، ويضحي حكاية ليس إلا. إنها تنبع من صمود عميق في الضمير الشعبي، وقد اتخذت هذا الطابع اليقيني نتيجة كونها انبثقت من الريف، إلى جانب الأرض، وليس في المدن، وهكذا دارت القضية دورتها الرهيبة: فمن حيث توقع العدو أن يحصد الجهل والتخلف والتفكك فاجأه الريف بصمود حقيقي، شديد العمق، ينظر إليه يمر فوق سطح الأحداث، فوق حقيقة الارتباط بالوطن والأرض، عاجزاً بحكم طبيعته التاريخية عن التفكير بقبوله، معتبراً المسألة برمتها من باب البلية التي تضحك، والتي سرعان ما تمضي.

لدينا لحسن الحظ قصة قصيرة توضح هذا الكلام تماماً، وحين نشرت هذه الحكاية في جريدة الشيوعيين العرب مؤخراً لم تنشر كقصة ولكن كخبر، ولكن يداً فنانة جعلت منها قصة لا تفتقر إلى عناصر القصة القصيرة الحقيقية، وسرعان ما أضحت جزءاً يحتفظ به من أدب المقاومة في الأرض المحتلة.

لا بأس، بسبب قصر هذه الحكاية، أن نتفحصها:

عندما سجل ضابط المساحة قطعة الأرض تحت بند «مختلف

عليها» بين الدولة وبين إبراهيم الحامد، لم يأبه أبو حامد كثيراً، وقال:

- سجل! سجل! ما أرخص من الحبر إلا الورق، عن أرضي مش متنازل.

واستمر بعدها يفلح الأرض، تماماً كما فعل طيلة خمسين سنة وأكثر، منذ أن كان في مطلع العمر يعاون والده، ومثل ما فعل بعد وفاته حتى هذا اليوم.

ومرت الأيام، انقضت سنة أو أكثر - الله يعلم - ونسي أبو حامد، أو كاد، ما سجله ضابط المساحة، ووصلته دعوة للحضور إلى محكمة الأراضي بحيفا للنظر في قضية أرضه «المختلف عليها».

ونزل أبو حامد إلى حيفا في اليوم المعين، وعطل حامد عمله ورافق والده العاجز.

ونادى أحدهم من على عتبة إحدى الغرف، وبصوت جهوري:

- إبراهيم الحامد تفضل.

ونهض أبو حامد عن المقعد في غرفة الانتظار ومعه حامد إلى جانبه ودخلا قاعة المحكمة وبدأت المحاكمة.

قال الحاكم:

- يا ختيار! معك إثبات لملكية قطعة الأرض قسيمة ٤٨ بلوك

١٩٦٧٠ من موقع الرصيفة من أراضي مجد الكروم؟

فقال أبو حامد:

- أيوه يا حضرة الحاكم، هذي ورثتها عن المرحوم والدي الله يرحم والدك.

قال الحاكم:

- بلاش كلام فارغ، بلا والدك بلا والدي - معك كوشان؟ أي ورقة إثبات؟

ففكر أبو حامد قليلاً ثم قال:

- يا سيدي عمبقلك ورثتها عن والدي وفلحتها معاه وأنا ابن خمستعشر سنة.

فقال الحاكم:

- هذا مش إثبات، طيب. هذي الأرض فيها ستين بالمية صخور، ولهذا فهي للدولة.

فانتفض أبو حامد:

- شو ستين شو سبعين، التراكتور يحرثها كلها يا حضرة الحاكم، فيها صخرة هون وصخرة هناك في عرق كل واحدة تينة أو دالية، هاي مش أرض طشلق، أبوي هرا عمره وهو يقلع حجار منها، وعمري اهترا كمان وأنا أقلع.. أي ما لقيت الدولة غيرها تلعب عينها عليها؟

فقال الحاكم:

— كمان مرة بلاش حكي فارغ، الدولة لا تعتدي على أحد، هذا حقها!

فتساءل أبو حامد:

— حقها؟ والله حكي! الدولة غنية يا حضرة الحاكم، وأنا زلمة ما بملك إلا لحمي وعظمي، كيف بدها تستقويني؟

فقال الحاكم:

— اسمع يا اختيار، إنت في محكمة. بلاش حكي مالوش طعمة..

وفكر قليلاً ثم قال:

— طيب شو رأيك، الدولة تأخذ ستة دونمات وأنت تأخذ ستة؟

فهز أبو حامد رأسه وقال:

— والله يا سيدي أبوي ما قاللي إنه إلي أخو اسمو الدولة حتى أتقاسم معو الأرض.

فنفر الحاكم:

— يا اختيار أنا رأيي تقبل، هذا حكمي، فشو رأيك؟

فتحرك أبو حامد:

— والله يا حضرة الحاكم شايف حكمكم زي قرن الخروب أسود أعوج!

وسحب أبو حامد نفسه وخرج يدب على عصاه وهو يتمتم:
- حكم ضل ما ظل!

قد يكون لدينا الكثير من الاعتراضات الفنية - إذا شئنا أن نلجأ لبرود الناقد - كي ننال من هذه الحكاية، ولكن أحداً لا يستطيع أن يمر بها مرور الكرام وينساها. فهي تعطي بإيجاز خارق، ورنة السخرية الشعبية الصامدة تفوح منها، صورة كاملة شديدة التأثير يندر أن يستطيع حيز مماثل إعطاءها، فما الذي يهم القارئ؟ ومن الذي سيهتم بالمقاييس الباردة والنظرية، في وقت تدخل فيه الحكاية، كقطعة من لحم، المعركة الراهنة؟

لقد لخص أبو حامد، بحكمته النابعة من ارتباط عريق بالأرض، من الواقع الذي وصفه بأنه اهتراء عمر أجيال في الأرض، حقيقة المسألة كما يراها العربي في الأرض المحتلة: قرن خروب أعوج أسود. فهل هناك وسيلة غير وضع النصل الجارح للسخرية الشعبية على رقبة النظام؟

لقد عكست هذه السخرية نفسها على المناشير السياسية، وقد تكون مطالعة تلك المناشير من أمتع القراءات التي يقدر المرء أن يحققها، فهي تناول ساخر، جارح حتى العظام، مليء بالصور الشعبية التي، كما يقال في القرى، لم يملأ الاغتصاب - أبداً - عينيها!

إن حكاية أبي حامد هي إرهاص مبكر للظاهرة التي جاءت فيما بعد على يدي الشاعر محمود درويش، والتي أشرنا إليها فيما سبق.

إن ذلك المزج العميق، البديهي والبسيط، الذي عبر عنه أبو حامد بين «الشخص والأرض» هو مستوى متقدم في تطور أدب المقاومة العربي في الأرض المحتلة.

في النصف الأول من ١٩٦٦ أودع الشاعر محمود درويش السجن في الأرض المحتلة، ويبدو أنه في إقامته الطويلة هناك بلور الصورة النهائية لذلك «المزج» المنطقي العميق بين الشخص والأرض، العلاقة الفردية والعلاقة مع الوطن، الشخص والشعب...

في السجن، كما يبدو، كتب الدرويش «عاشق من فلسطين» وهي مجموعة من القصائد ينتظمها خط واحد: إنه ليس تصعيداً عاطفياً مشحوناً للعلاقة مع الوطن فقط، بل هو دمج كلي في القيم التي ظل الشعراء يعتبرونها موزعة - بتساوٍ ما - بين علاقة الرجل بأية امرأة وعلاقته بوطنه.

إن الحبيبة، في «عاشق من فلسطين» تضحي في القصيدة شفافة إلى حد تضيع فيه معالمها بالأرض، يضحي جمالها هو أيضاً ملخصاً في كلمة ساحرة: «فلسطينية».. وتبدو هذه الكلمة أكثر من كافية:

... وأقسم:

من رموش العين سوف أُخيط منديلاً
وأنقش فوقه شعراً لعينيك
وإسماً حين أسقيه فؤاداً ذاب ترتيلا
يمد عرائش الأيك..
سأكتب جملة أغلى من الشهداء والقبل:
«فلسطينية كانت... ولم تزل»

وهي ليست هذا فقط بل إنها المنقذ أيضاً، والمبرر، وكل شيء:

لك المجدُ
تجنّح في خيالي
من صداك
السجن، والقيد
أراك إذا استندتُ
إلى وسادٍ
مهرةً تعدو..
أحسك في ليالي البرد

شمساً
في دمي تشدو..
أسميك الطفولة
يشرئب أمامي النهد!
أسميك الربيع
فتشمخ الأعشاب والورد
أُسميك السماء
فتشمت الأمطار والرعد!
لك المجد
فليس لفرحتي بتحيري
حد
وليس لموعدي.. وعد
لك المجدُ

إن الدرويش يعيد في «عاشق من فلسطين» تفسير المرحلة الأولى من شعر شباب الأرض المحتلة العرب الذين صبوا جهدهم على الغزل بعد النكبة مباشرة، ولم يكن من الممكن أن تجيء الحصيلة مع الدرويش في هذا المستوى من النضج الفني إلا بعد

أن أخذت التجربة مداها وتعمقت المأساة حتى الصميم فأضحت أكثر شمولاً وأكبر حجماً وأعمق جذوراً. أضحت هي الحياة كلها بصورة متلاحمة، يومية، ذاتية وعامة في آن واحد.

❖ ❖ ❖

أما حين يوشك الصدام الحقيقي أن يحدث، فإن الحنجرة الشعبية تنقلب فوراً إلى المتاريس، وإلى الالتحام المباشر.

وقد رأينا كيف غنت هذه الحنجرة شعرها العالي يوم العدوان الثلاثي، حين لاحت في الأفق، لأيام قليلة، الفرصة التاريخية المنتظرة. فكما أوقد العدوان الثلاثي في الوطن العربي أملاً بالالتحام وتصفية الحساب كلياً، أوقد الأمل ذاته في الأرض المحتلة، ولجأت السخرية، بانتظار تلك اللحظة التاريخية، إلى المتراس.

وفي الذكرى التاسعة لمجزرة كفر قاسم في الأرض المحتلة شق وفد من الشباب طريقه نحو تلك القرية التي جعلها العرب في فلسطين المحتلة رمزاً للمقاومة، ولكن وفد العزاء وشد الأزر فوجئ بالقرية مطوقة، فقد كان العدو يخشى أن تنقلب الذكرى، دأبها كل سنة، إلى مظاهرة.

ولكن الشباب الذين منعوا من دخول القرية تجمعوا وراء الأسلاك: واحداً وراء الآخر وسيارة وراء الأخرى، فانقلبت الأسلاك إلى مهرجان، وأنشد الشاعر سميح القاسم – من الرامة – قصيدة يحفظها كل جليلي الآن، فيها:

رغم ليل الخنى وليل المظالم

حل وفد الكفاح يا كفر قاسم

رغم عسف الطاغوت يزبد سما

رغم سد الأسلاك في الدرب جاثم

رغم حقد الرشاش يشهره الظلم

أتينا... فليعلق الخزي حاكم

يا قبور الأحباب ألف سلام

من قبور عزت عليها المعالم

أي شيء من العزاء نزجي؟

نحن في أسرة الحداد توأم

نحن جئنا نهيب أن تستفيقي

فلتلبي النداء يا كفر قاسم!

حين تنفتح فرص الالتحام، إذن، يقفز الشعر إلى مستوى يؤهله ليكون حداء للمسيرة الثورية، حين يرد على وجود العدو رده اليومي يلجأ، كما رأينا، إلى السخرية إمعاناً في الاستخفاف، وحين يتعامل مع قضاياه داخل الأرض المحتلة، الاقتصادية والاجتماعية، يرن فيه - بدل النواح والشكوى - نغم التحدي.

فالاضطهاد الاقتصادي والاجتماعي والسياسي، الذي يندر وجود ما يوازيه سواداً ووحشية في أي نظام عنصري في العالم، ليس في أدب المقاومة العربي داخل الأرض المحتلة إلا مدخلاً للتحدي.

لقد رأينا كيف قرر أبو حامد في حكايته القصيرة، حين شعر بالدولة الغاصبة تجثم فوق دونماته القليلة التي اهترأ في زرعها وحرثها عمره وعمر والده، كيف قرر ببساطة، دون شكوى ودون نواح، أن «حكماً ضل لا يظل» - لقد اتخذ من كابوس الاضطهاد الذي أرادوه ساحقاً لعنفوانه عتبة وقف فوقها ليذيع تحديه البسيط والعميق، الشيء ذاته فعله توفيق زياد، الشاب من الناصرة، بعد سلسلة الاضطهادات السياسية والاقتصادية الواقعة على عرب الأرض المحتلة حين قال عام ١٩٦٥:

أهون ألف مرة..
أن تدخلوا الفيل بثقب إبرة
وأن تصيدوا السمك المشوي في المجرة
أن تحرثوا البحر
أن تنطقوا التمساح
أهون ألف مرة
من أن تميتوا باضطهادكم وميض فكرة
وتحرفونا عن طريقنا الذي اخترناه
قيد شعرة..
هنا على صدوركم باقون كالجدار
نجوع
نعرى
نتحدى
ننشد الأشعار
ونملأ الشوارع الغضاب بالمظاهرات
ونملأ السجون كبرياء
ونصنع الأطفال جيلاً ناقماً
وراء جيل

كأننا عشرون مستحيل
في اللد والرملة والجليل..

وللشاعر سميح القاسم أيضاً قصيدة بهذا المعنى اسمها «خطاب من سوق البطالة» تصور، كما فعلت قصيدة زياد، الواقع المرير لعرب الأرض المحتلة الذين يبذل العدو المستحيل في سبيل تحويلهم إلى «طبقة خدام» لليهود – كما قال نائب إسرائيلي مرة.

دائماً، إذن، يبرهن ضمير المقاومة الشعبي في الأرض المحتلة أنه في لحظة الالتحام يرتفع فوراً إلى مستوى المواجهة الشجاعة، ولكنه أبداً لا يتخلى عن دوره في الدعوة، مهما اختلفت الوسائل، ولا يعتبر الواقع البائس إلا منطلقاً للتغيير، لا للعويل.

للشاعر القاسم ذاته قصيدة اسمها «بطاقة إلى الجماهير»:

ردي على الخصم الألد	آن الأوان لأن تردي
ردي على كهان عرش	شيد من صفد وصفد
يا بنت من رضعوا على	الآفاق ورايات التحدي
ردي على الخصم الألد	آن الأوان لأن تردي

وبوسعنا أن نضيف باطمئنان، في تعداد الظواهر المميزة لشعر المقاومة العربي في الأرض المحتلة، ظاهرة هامة تلاحظ بوضوح كلي، هي ظاهرة يسارية شعر المقاومة هذا.

ولم تبرز هذه الظاهرة بالمصادفة، ولكن كنتيجة أخرى للظروف التي يعيشها عرب الأرض المحتلة تحت قيود الحكم الصهيوني، هذه الظروف التي يمكن إيجازها وحصرها في ثلاث نقاط جوهرية:

أولاً: كون الغالبية الساحقة من عرب الأرض المحتلة تنتسب إلى الريف. وبكلمات أوضح، إن معظم عرب الأرض المحتلة هم من الفلاحين، الطبقة التي لم يكن لها فقط شرف خوض الثورات المتصلة في فلسطين قبل الإحتلال ولكن أيضاً تلقي العبء الأكبر من حرب ١٩٤٨.

ثانياً: كون هؤلاء الفلاحين يتعرضون يومياً لإجراءات القمع الاغتصابية التي تحاربهم في رزقهم حرباً لا هوادة فيها.. والتعبير عن هذه الظاهرة هو واضح كأشد ما يكون الوضوح في معظم قصائد وقصص ومقالات عرب الأرض المحتلة بدءاً من قصيدة «المستحيل» لتوفيق زياد ومروراً بقصيدة «بطاقة من سوق البطالة» لسميح القاسم وانتهاءً بشعر محمود درويش.

ثالثاً: كون الحكم الاغتصابي - بإيجاز وببساطة - وليد تآمر الأنظمة الرأسمالية التي خلقته وما زالت تدعمه دعماً بصورة متصلة منعكساً على يومياتهم ولقمة عيشهم وحرياتهم.

ولم تؤد هذه الظروف اليومية إلى خلق أدب يساري فقط، بل أيضاً إلى تعميق موقف المقاومة ورفعه من مستوى العاطفة المشتعلة العمياء إلى مستوى العاطفة الواعية الثابتة الجذور.

إن الذي لا يعرف حقيقة «وجهة النظر» الصهيونية بتفاصيلها داخل الأرض المحتلة يفوته كثيراً أن يدرك الأبعاد البارقة التي تلتمع بسرعة ولكن بحدة حاسمة وبعمق في أدب المقاومة العربي: إن هذه الأجوبة التي يقررها أدب المقاومة أمام المرافعة الصهيونية التي توجه توجيهاً ثقيلاً ويومياً على عرب الأرض المحتلة تحتفظ بالعنصرين الأساسيين اللذين يجعلان من أدب المقاومة أدباً شديد الوعي دون أن يكون غارقاً في التفاصيل ودون أن تنجح هذه التفاصيل في استدراجه إلى حوار غير وارد على الإطلاق.

وهذان العنصران هما عمق الموقف الواعي وإيجازه الحاسم.

إن محمود درويش يعطي، على سبيل المثال، نموذجاً رائعاً لهذا الكلام حين يرد على دعوى إسرائيلية تقول إن الأجيال اليهودية الجديدة التي ستولد على أرض فلسطين المحتلة ستكون أعمق

جذوراً وأكثر ارتباطاً، وبالتالي أشد مراساً من جيل الطارئين غير ذوي الجذور:

خيول الروم أعرفها
وإن يتبدل الميدان
وأعرف قبلها أني:
أنا، زين الشباب وفارس الفرسان

ثم يضع المسألة برمتها ببساطة وكبرياء وحسم نهائي:

... فبيض النمل لا يلد النسور
وبيضة الأفعى
يخبئ قشرها
ثعبان

أما توفيق زياد فينتقل إلى شوط أكثر مواجهة:

هنا على صدوركم باقون كالجدار
نجوع، نعرى، نتحدى
ننشد الأشعار
ونملأ الشوارع الغضاب بالمظاهرات
ونملأ السجون كبرياء
ونصنع الأطفال جيلاً ناقماً
وراء جيل..

في ثنايا المقاومة يواجه القارئ ردوداً من هذا الطراز على مختلف الدعاوى الإسرائيلية الفكرية، وقد لا يلفت مرورها السريع الحاسم، الذي يفترض أنها دعاوى مفهومة من فرط تكرارها، نظر القارئ الخارجي، إلا إنها تبقى بالنسبة للقارئ الذي يتوجه له هذا الشعر بالأساس، قضايا ضرورية ولها قيمتها وتغذي موقف المقاومة الواعي الذي يرفض أن يستدرج للدخول في حوار قائم على غير التعادل.

إن هذه الظاهرة تضعنا أمام جانب آخر من الموضوع له أهميته البالغة، ذلك الجانب الذي يمكن إيجازه بالسؤال التالي: كيف ينظر الأدب الصهيوني – في المقابل – للعرب؟ ما هي حقيقة

«العلاقة» القائمة؟ كيف يرى العربي نفسه في الأدب الصهيوني وكيف يراه هذا الأدب؟

إن هذا السؤال مهم للغاية - في بحثنا هذا - لأنه يفضح وجهيّ المسألة: وجه الاحتلال الصهيوني العنصري الذي يدأب على اعتبار العربي في الأرض المحتلة نوعاً منحطاً من البشر. ووجه المقاومة العربي المشرق والواعي والمتفوق الذي يعبر عنه - بالمقابل - الإنتاج العربي الأدبي في الأرض المحتلة.

إن هذا الصدام المباشر الذي يشكل في الأرض المحتلة مسألة يومية لا فكاك منها يعكس نفسه في حقيقة الأمر، ليس على الأدب العربي المقاوم في الأرض المحتلة فقط، بل أيضاً على فهمنا نحن لهذا الأدب عبر ظروفه الموضوعية.

عبر هذا الصدام اليومي نستطيع أن نستخلص صورة أكثر وضوحاً ليس لمهمات أدب المقاومة في وجه الأدب الصهيوني الذي يشكل ضاغطاً خطيراً ويومياً بين ضغوط الاحتلال فحسب، بل أيضاً لقيمة الأدب الصهيوني وحقيقته حين يتعامل مع «البطل العربي».

إنها بإيجاز رمز للمسألة الصهيونية برمتها ورمز لدعاواها وفلسفتها ووجهات نظرها في وجه ما يمكن تسميته باطمئنان: الحقيقة.

سنفرد فيما بعد فصلاً يعرض هذه القضية بإيجاز، ليستعمل بالتالي، أداة من الأدوات اللازمة، لاكتشاف حقيقة ومهمة أدب المقاومة العربي في الأرض المحتلة، ولكننا استبقنا التفاصيل كي ننتهي إلى استنتاج هام وهو أن أدب المقاومة العربي في الأرض المحتلة يقدم لتواريخ الأدب المقاوم في العالم نموذجاً متقدماً في الحقيقة وعلامة جديدة نادراً ما استطاعت آداب المقاومة المعروفة في العصور الحديثة أن تحقق ما يوازيها في المستوى مقارنة بمهماته الصعبة وشديدة التعقيد وظروفه التي لا تشابه بين ما لدينا من الأمثلة المعاصرة إلا ظروف المواطنين السود تحت حكم دولة جنوب إفريقيا العنصرية، بل تفوقها قسوة ووحشية.

❖ ❖ ❖

نحن إذن أمام ثلاثة مستويات، تسير مع الحياة ذاتها، في أدب المقاومة في الأرض المحتلة: حين يحاول العدو استدراج العرب إلى أي نوع من الحوار يواجَه بالسخرية الجارحة التي تدل على أن عيني العرب تنظر إليه كشيء عابر، ويواجِه العربي كل المحاولات العدوة بسحق الشخصية العربية بهذه السخرية الجارحة التي تعبر عن أعماق الموقف الشعبي الحقيقي.

وحين يتعامل العربي مع واقعه السيئ، على الصعيد الاجتماعي والسياسي والاقتصادي يفوت على العدو فرصة جعل هذا الواقع كابوساً يمتص كل الحيوية العربية، ولذلك فهو يتخذ من الركام الذي يطرحه هذا الواقع السيئ منبراً عاصفاً للتحدي.

وحين تتفجر المواجهة، وتدنو لحظة الالتحام يتحول أدب المقاومة من الوخز والتحدي إلى مواقع الهجوم الحاسم.

هذه الحقيقة تبدو أنصع ما يمكن ملاحظته لدى أي استعراض سريع للإنتاج العربي في الأرض المحتلة.

ولكن في كل الحالات يظل الأدب فوق مستوى النواح والبكاء والتشكّي والعويل اليائس، يظل في مواقع الهجوم الذي يبشر دائماً بيوم النصر.

وأهم من ذلك: يظل حلقة في سلسلة الثورة العربية الدائمة، فهو قد ضبط خطاه مع الحركة التقدمية العربية عبر كل حواجز القمع والإرهاب واعتبر نفسه بداهة جزءاً منها وانفعل بجوانبها المشرقة انفعالاً عميقاً خلاقاً، وقد تطلب منه ذلك مجهوداً أكبر بكثير مما تطلب من الحركة الثقافية العربية خارج الأرض المحتلة بطبيعة الحال، إلا إنه كان في مستوى هذه المتطلبات الشاقة بلا تردد، ولبى متطلباتها المزدوجة بكفاءة: قاد من ناحية أولى تيار

المقاومة العميق الواعي بشجاعة وكفاءة، ورد من ناحية أخرى على مزاعم الحركة الثقافية الصهيونية ودعاواها حين تتعامل في إنتاجها الأدبي مع «النموذج العربي» ليس فقط عن طريق تقديم النموذج العربي الحقيقي، بل أيضاً عن طريق تقديم الأديب العربي الملتزم والمناضل فوق كل قيود التعسف والسحق.

قدم نموذج «الأديب المقاتل» الذي غاب لفترة طويلة عن حياتنا الثقافية، وقدم «الأدب - المنجل» الذي يشحذ كل يوم وبلا هوادة ليحصد.. كل «قرون الخروب السوداء العوجاء».

الفصل الثاني

البطل العربي
في الرواية الصهيونية مقابل أدب المقاومة

مقابل أدب المقاومة العربي في فلسطين المحتلة يقف الأدب الصهيوني جزءاً من حركة الثقافة السياسية في الأرض المحتلة وواحداً من الضغوط الأساسية التي تتصدى لأدب المقاومة العربي هناك، لا للتأثير عليه وسحقه فقط، بل أيضاً لتشويهه على الصعيد الداخلي ومحوه على صعيد الدعاية الخارجية.

عالمياً لا نقاش هناك حول الدور الذي لعبه الأدب الصهيوني في تجميع رأي عام إلى جانب إسرائيل ودعاواها. أن «إكسودس» مثلاً، وكما قيل أكثر من مرة، قد خدم الدعاية الصهيونية والقضية الإسرائيلية أكثر مما فعل أي كتاب صهيوني سياسي.

داخلياً يقف الأدب الصهيوني ليخدم هدفاً مزدوجاً: خلق وتغذية الشخصية اليهودية سياسياً والتأثير على الوعي الثقافي والسياسي العربي داخل الأرض المحتلة في محاولة لتشويهه وحصاره والقضاء بصورة غير مباشرة على جذوره.

إن نتائج هذا كله يمكن إنجازها ببساطة خطيرة: فقد أفلح الأدب الصهيوني في محاصرة أدب المقاومة العربي ومنع انتشاره خارج إطار عرب الأرض المحتلة، وقدم بدلاً من وجه المقاومة العربي المشرق وجهاً ممسوخاً ومشوهاً ليس فقط لعرب الأرض المحتلة، ولكن للعرب عموماً.

إن ظاهرة الأدب الصهيوني تحتاج لدراسة دقيقة ليس غايتها تضخيم دوره وتحميله ما لا يحمل والدخول إلى الهوامش التي حققت له اتساعاً لا يتناسب مع كفاءته، ولكن لاكتشاف القاعدة الفكرية والسياسية التي يصدر عنها وكل ما يتأتى عن تلك القاعدة من نتائج.

وفي طليعة هذه النتائج:

– البطل العربي كما يراه الأدب الصهيوني وكما رأيناه في أدب المقاومة.

– طبيعة الغزو الثقافي الذي يقوم به هذا الأدب على صعيد داخلي وصعيد عالمي وأدوات هذا الغزو ودعاواه.

– قيمة أدب المقاومة العربي ومستواه الحضاري والسياسي والإنساني مقارنة بالأدب الصهيوني.

– الدرس التاريخي الذي يمكن أن يستخلص من مثل هذه

المقارنة.

وذلك كله يقتضي إلقاء نظرة شاملة.

❖ ❖ ❖

مع الأعمال الأدبية الصهيونية، سواء القديمة منها أو الجديدة، الميثولوجية أو المعاصرة، تبدو كلمتا العرق والدين، في معظم الأحيان، اصطلاحين لمعنى واحد.

وإذا كانت هذه الظاهرة لافتة للنظر حقاً فإنها، من ناحية أخرى، عنوان واضح لجوهر الدعوة الصهيونية السياسية وقاعدة من أهم قواعد هذه الحركة بالرغم من التغيير في الأسماء الذي يصيبها بصورة دورية تقريباً.

إنه من الواضح أن بعض مجتهدي الديانة اليهودية كان الأداة الأولى التي حاولت دمج كلمتي العرق والدين دمجاً كاملاً، وهو أمر فعله عدد من مجتهدي بقية الأديان تقريباً وبوسائل مختلفة في فجر ظهورها، إلا إن مجتهدي اليهود هم وحدهم، لأسباب لا تدخل في نطاق هذا البحث، الذين حرصوا على مواصلة هذه المحاولة على مدار القرون. وإذا كانت هذه المحاولة قد تراوحت بين

الحضيض والذروة، بين الفشل الذريع والنجاح الجزئي خلال الألفي سنة الماضية، فإن الذي لا شك فيه أن نشوء الحركة الصهيونية أعطاها دفعة جديدة ما لبثت أن تبلورت بالتدريج، وعبرت عن نفسها مباشرة وبوضوح لا يقبل الجدل بعد مرورها بتجربتيها الحاسمتين وهما الاضطهاد الهتلري وإنشاء إسرائيل بعد حرب ١٩٤٨.

يقول سيغموند فرويد في كتابه «موسى والتوحيد»:[٣]

«لقد خلق موسى شخصية اليهود بإعطائهم ديناً صعد ثقتهم بأنفسهم إلى درجة آمنوا معها بأنهم متفوقون على كل الشعوب الأخرى، وأنهم بقوا نتيجة هذا التفوق على الآخرين.»

ويقول في مكان آخر من نفس الكتاب:[٤]

«لا شك أنهم [أي اليهود]، يمتلكون فكرة حسنة جداً عن أنفسهم، يعتقدون أنهم أنبل من غيرهم وأرفع مستوى وأكثر تفوقاً على الآخرين. إنهم يؤمنون حقاً بأنهم شعب الله المختار ويعتقدون أنهم مقربون من الله بصورة خاصة، وهذا هو ما يجعلهم فخورين وواثقين بأنفسهم.»

من الضروري أن نلاحظ كيف يتحدث فرويد عن اليهودية

---

(٣) Sigmund Freud, *Moses and Monotheism* (England: Vintage, 1st ed. in English, 1955), p.158

(٤) Ibid., p.134

كدين في الوقت نفسه الذي يعطيها فيه صفات العرق، وهو يعتقد بأن شعور اليهود بالتفوق العرقي ليس ناتجاً من عقدة نقص ناشئة عن الاضطهاد الذي تعرضوا له، ولكن من قناعة واقعية بالتفوق الطبيعي.

ويؤكد هذا الموقف حين يقول في كتاب «موسى والتوحيد» إن اللاسامية ذاتها، القديمة جداً باعتقاده، قد نشأت لكون الشعوب الأخرى تغار من اليهود لأن المسيح أنجب منهم.[٥] ومرة أخرى يجزم قائلاً:

«نحن نعرف أن موسى أعطى اليهود شعور الفخار لكونهم شعب الله المختار.»[٦]

ولكن فرويد نفسه ينقض هذا الموقف في رسالة شخصية كتبها إلى صديقه اليهودي ماكس غراف حين أرسل له هذا الأخير يسأله عما إذا كان من المستحسن أن يضع ابنه في مدرسة يهودية خاصة كي لا يتعرض، إذا ما وضعه في مدرسة مختلطة، للاسامية، فكتب له فرويد يقول إن عليه أن يضع ابنه في مدرسة مختلطة ليواجه هذه اللاسامية مواجهة يومية، ويشرح له الأمر كما يلي:

Ibid., p.116 (٥)

Ibid., p.147 (٦)

«إذا كنت لا تريد لابنك أن يكبر كيهودي فإنك تجرّده من منابع الفاعلية التي لا يمكن أن تعوض بأي شيء آخر، سوف يكون عليه أن يناضل كيهودي، وعليك أن تنمي فيه كل الطاقة التي يحتاجها لهذا النضال، لا تحرمه من هذه المزية.»(٧)

إن هذا الكلام يعني أن «الفاعلية» والمزية «النضالية اليهودية» و«الخصوصية اليهودية» هي أمور لا تتولد تلقائياً من شعور وراثي بأن اليهود هم شعب الله المختار فقط، ولكن من ممارسة يومية طابعها الرئيسي، كما توحي رسالة فرويد نفسه، التضاد والصراع وربما الاضطهاد والاحتقار، ولكن ليس من شعور ميتافيزيقي غيبي بالأبوة والوصاية.

إن هذا التحديد ضروري جداً ليصير من الممكن التمييز بين نوعين من الشعور بالتفوق: النوع الأول هو الفخار، وهو شعور، إلى حد ما، مشروع وطبيعي وعام. بينما لا يتجاوز الثاني احتقار البشر والشعوب والنظر إليهم نظرة عرقية باعتبارهم يأتون ثانياً في هرم التركيب البشري.

لقد كان هم فرويد في كتابه «موسى والتوحيد» أن يرد الظاهرة

---

(٧) David Bakan, *Sigmund Freud and the Jewish Mystical Tradition* (New York: Schoken, 1965), p.47

التي سماها التميز اليهودي إلى نوع من الشعور بالفخار باعتبار أن موسى وضع اليهود أقرب ما يمكن إلى الله والحقيقة. واعتماداً على هذا المبدأ نسب ما سماه بالتميز اليهودي إلى «ثقة اليهود بالحياة»,[٨] وإلى كونه «جزءاً من الدين».[٩] وقد مضى بهذه الفكرة شوطاً أبعد في كتابه اللاحق «في أعقاب موسى». وحملت جورج إليوت هذه الفكرة إلى مدى جديد في كتابها «دانييل ديروندا» حين جعلت همها أن تفسر اصطلاح «شعب الله المختار» بأنه يعني أن الله اختار اليهود لينقذوا الإنسانية، أي أنه اختارهم «في سبيل الشعوب الأخرى»، وقد اتكأت على هذا الهدف المتافيزيقي لتقفز إلى نقطة أخرى هي الدفاع عن حق اليهودية في أن تكون قومية.

وقد حمل الفكرة نفسها هيرتسل في روايته «الأرض القديمة الجديدة»، حين أراد أن يبرهن أن المزج بين الدين والعرق في اليهودية تحت ظل شعار شعب الله المختار إنما هو مزج «تفيد منه الإنسانية».

ولكن هذه الدعوة الجديدة كانت لا تقيم أي حد فاصل بين الناس الذين يعتنقون اليهودية وبين انحدارهم من سلالة واحدة،

---

(٨) Freud, op.cit., p.134

(٩) Ibid., p.135

عرقياً. وقد اضطرت الصهيونية أن تدفع هذه الفكرة شوطاً جديداً إلى الأمام حين اصطدمت بنوعين من التحدي ظلا يواجهانها باستمرار: الأول هو أنها كانت مطالبة دائماً بتبرير إصرارها على رفض الاندماج بالشعوب الأخـرى، والثاني هو تفسير خطواتها العملية التي كانت ترتب بدقة متناهية لتحويل اليهودية إلى دولة وقومية على حساب الوجود القائم لقومية أخرى وربما لدين آخر.

لقد حاول الفكر الصهيوني السياسي أن يطوع أجوبة هذه التساؤلات، كعادته، لمصلحة حملاته الدعاوية والتعبوية، وهكذا مضى في أحيان كثيرة إلى تجاهلها، وفي بعض الأحيان إلى تسجيل أجوبة مقنعة ومتبلورة، ولكن ذلك كله شبه مستحيل بالنسبة لمعظم الأعمال الأدبية التي لم تكن مخططة بدقة لخدمة مصلحة الفكر الصهيوني كرواية «دانييل ديروندا» لجورج إليوت، ورواية «الأرض القديمة الجديدة» لهيرتسل.

هنا يقدم أدب المقاومة العربي في الأرض المحتلة جوابه الحاسم، وهو الجواب الذي تحاول الأعمال الأدبية الصهيونية طمسه بوسيلتين: قتله «بالتوجيه» قبل ولادته ومحاصرته وسحقه إذا ما ولد تحت ركام الروايات الصهيونية الغزيرة ذات الطابع الدعاوي.

إنه أدب المقاومة العربي في الأرض المحتلة يتصدى للجواب

عن تلك التساؤلات التي تجاهلها الأدب الصهيوني حيناً وشوهها أحياناً.

وتولى أدب المقاومة بكفاءة ورغم كل الضغوط النازلة فوقه إبقاء هذا التساؤل الحيوي ماثلاً على صعيد حضاري على الأقل: كلا، ليس بالوسع بهذه البساطة القفز فوق هذه الثغرة الكبيرة في بنيان الأدب الصهيوني.

قبل استعراض الأعمال الأدبية التي رافقت سنوات ازدهار الصهيونية كفكرة وحركة ودولة، يبدو أنه من الضروري الإشارة إلى كتاب صدر عام ١٩٥٥ عن دار نشر أميركية صهيونية بقلم س.د. غويتن، أستاذ الدراسات الشرقية في الجامعة العبرية في القدس المحتلة، اسمه «اليهود والعرب: علاقاتهم عبر الأجيال».

إن هذا الكتاب يعتبر توضيحاً حقيقياً لجوهر ذلك المزج بين العرق والدين كما هو في مرحلته الراهنة. فهو حين يتصدى للجواب عن السؤال الهام التالي: إذا كان العرب واليهود ينتمون إلى عرق واحد.. فلماذا اتخذ تاريخ الشعبين اتجاهين مختلفين؟ حين يتصدى

للجواب عن هذا السؤال تتضح تماماً أبعاد النظرية العرقية المتطرفة الكامنة وراء المزج غير الطبيعي بين العرق والدين.[١٠]

فالمؤلف لا يستطيع، من ناحية منهج البحث، أن يتصور أي نوع من الانفصال بين الدين الإسلامي والعرب كشعب. ولذلك فهو يحمل العرب مسؤولية السلوك القومي للشعوب التي اعتنقت الإسلام، ويحمل الإسلام مسؤولية السلوك العربي. فإذا تجاوزنا هذه الخطيئة المهلكة في منهج البحث نجد أن محاولة المؤلف لاكتشاف أسباب افتراق تاريخ العرب عن تاريخ اليهود ستقع، وهو ما حدث فعلاً، في خطأ مهلك آخر: وهو أن ما سماه بالشعب اليهودي لم يكن خلال الألفي سنة الأخيرة وحدة قومية وجغرافية وحضارية وثقافية واحدة ليجوز إحداث أي نوع من المقارنة، وأن عليه، إذا أصر على إجراء المقارنة، أن يعتبر اليهودية عرقاً.

ولذلك فإن المؤلف الذي يحاول سد هذه الثغرة في البحث لا يستطيع خلال البحث عن الفروق بين تاريخ الشعب العربي وتاريخ اليهود إلا أن يستشهد بـ «مميزات اليهود الغيبية» الأمر الذي يدفعه مباشرة إلى التقرير بأن تفوق اليهود على العرب، عبر التاريخ، إنما يعود لأسباب عرقية، لميزات مخلوقة خلقاً مع اليهود، وأن العرب

---

(١٠) Ibid., p. 33

محرومون منها بالقضاء والقدر.

فهو يعتقد أن أسبقية الدين اليهودي على الديانات مثلاً يمكن أن تنبثق منها أسبقية الإنسان اليهودي على بقية البشر من حيث الوعي والقيمة، وبصورة بهلوانية، على سبيل المثال أيضاً، ينسب المؤلف الحضارة العربية التي جاءت بعد الإسلام إلى الاحتكاك الذي حدث بين وسط الجزيرة وبين بقايا ممالك جنوب الجزيرة، لماذا؟ طبعاً لأن احتكاكاً آخر كان قد سبق ذلك هو الاحتكاك بين ملكة سبأ وسليمان اليهودي(١١) شخصياً!

إن آراء أخرى غريبة، هي في جوهرها آراء عرقية متطرفة، يسقط فيها الكاتب وهو يحاول أن يوقف نظريته حول شرعية المزج بين الدين والقومية على قدميها، فهو يعتقد، مثلاً، أن الفرق بين تاريخي العرب واليهود ناتج من الفرق بين عقلية العربي التجارية والتي لا تفهم إلا بمنطق العرض والطلب وبين عقلية اليهودي التي لا تعتمد إلا على المبادئ.(١٢)

إن هذا المثل هو نموذج واحد فقط على المنطق الذي يجد أي باحث يهودي نفسه مجبراً على تبنيه حين يريد أن يتصدى للدفاع

---

(١١) Ibid., p.36

(١٢) Ibid., p.40

عن مزج الدين بالعرق، وعن النتائج المترتبة على هذا المزج. إن منطق إليوت وهيرتسل وفرويد أيضاً، والذي يحاول أن يفسر اصطلاح شعب الله المختار بأنه يعني اختيار اليهودي في سبيل بقية الشعوب، لا يمكن أن يتحمل النتائج والأساليب التي ارتبطت عملياً وفكرياً بهذا المزج أثناء تطوره في نصف القرن الأخير.

إن الأعمال الأدبية الصهيونية التي تصدت لتسجيل أحداث الحركة الصهيونية منذ بداية هذا القرن لم تستطع، لاعتبارات عديدة فنية وغير فنية، أن تقفز فوق كل النتائج المترتبة على المزج الكامل والمفروض فرضاً بين كلمتي عرق ودين، واللتين شكلتا جوهر الحركة الصهيونية، فكيف عالجت هذه الأعمال الفنية هذه الأشكال؟ وكيف اختارت أن تفسر مبدأ التفوق اليهودي المنبثق من المزج بين العرق والدين؟

إن الغالبية الساحقة من الأعمال الأدبية والصهيونية لم تستطع أن تقدم قيمة لأسطورة التفوق اليهودي المنبثقة من المزج بين الدين والعرق. غير أن هذا التفوق هو احتقار عرقي لبقية الشعوب، وخاصة للشعب العربي الذي كان من حظه أن يواجه الصهيونية مواجهة مباشرة، وغير إسباغ المبالغات في البطولة، والمبالغات الجولياتية، على كل من ينتسب إلى ذلك الدمج المفتعل بين العرق

والدين اليهوديين.

ترى هل كانت الصهيونية في حاجة إلى كل هذه البهلوانية لسد الثغرة التي واجهتها، في غمار الأعمال الأدبية؟

حتماً كانت في حاجة إلى ذلك كله، وسنرى كيف أدت هذه القفزات غير المحكمة إلى الوقوع - فنياً - في سلسلة من الأخطاء التي لا تستطيع الصمود أمام أي نقد أدبي جاد.

وتبدو هذه الأخطاء أكثر فداحة حين يتصدى أدب المقاومة العربي لها فيقدم، تلقائياً، النموذج الذي بذلت المحاولات الأدبية الصهيونية جهداً أكبر من الكبير لتشويهه وسحقه.

إن هاتين الميزتين: احتقار من هو غير صهيوني (الصهيوني هنا تعني الذي اختار وقبل اعتبار الدين والعرق شيئاً واحداً) واللجوء إلى المبالغة البطولية في وصف الصهيوني لتغطية احتياجات ذلك الاحتقار وإعطائه مبرراته، إن هاتين الميزتين تكادان تكونان المحورين الأساسيين اللذين يديران الغالبية الساحقة من الأعمال الأدبية الصهيونية المعاصرة.

وبالرغم من أننا سنبحث في نطاق الأعمال الأدبية المعاصرة إلا أنه لا بد من التأكيد على شيء هام: إن هذين المحورين كانا دائماً، عبر معظم فترات التنفس الأدبي اليهودي، سلاح الانعزال اليهودي،

٨٣

والمتراس الذي من ورائه رفض معظم اليهود مبدأ الاندماج بالشعوب الأخرى، وقد حفلت الأعمال الأدبية اليهودية، حتى قبل بروز الصهيونية السياسية، بشواهد دامغة ولا ترد على توفر هذين المحورين: المبالغة في احتقار الآخرين احتقاراً مبنياً على أساس عرقي، والمبالغة في امتداح الذات، على أساس عرقي أيضاً.

إن الشواهد على هذا في التلمود أكثر من أن تحصى، والواقع أن البطل اليهودي في قصص التوراة تمتع دائماً بالقوة الخارقة والبطولة التي لم تنتكس لحظة واحدة، وإذا كان من الممكن فهم تلك المبالغات على أساس أن الإله كان دائماً يقف في صف ذلك اليهودي، وبالتالي يشد في عضده وينجز له المعجزات فإن هذا «الإله» في الأدب المعاصر، ليس موجوداً بطبيعة الحال. ولكن البطل بالرغم من ذلك يحتفظ بتلك القدرات غير المحدودة ليس على القتال فقط ولكن على الانتصار دائماً. إن آري بن كنعان، بطل «إكسودس» لا يقل إطلاقاً، بدنياً أو عقلياً عن أي بطل أسطوري من التوراة، وحتى «دوف» الإنسان غير الطبيعي في الرواية ذاتها هو عبارة عن قدرات غير محدودة وطاقات يستعصي على رجل واحد أن يمتلكها.

قبل بزوغ الصهيونية السياسية، وفي الفترة التي يسميها

اليهود فترة التيه لم يغب عن مسرح الأدب اليهودي ذلك البطل المعصوم الذي يتمتع على الدوام بشعور واضح بالتفوق وباحتقار واضح لكل ما عداه، والشواهد على هذا أكثر من أن تحصى بالرغم من أن روبن وولنرود يقول إن الأبطال غابوا من الأدب العبري خلال فترة التيه، وإن سبب غيابهم هو أن الكتّاب «لم يروا هدفاً معقولاً لهؤلاء الأبطال، فالأهداف القديمة ضاعت وليس ثمة أهداف جديدة.»[(١٣)]

ففي فترة التيه هذه التي يتكلم وولنرود عنها، وفي قمم عصورها الذهبية في الأنـدلـس، عبَّر ابـن ميمون المعروف بمايمونيدس عن احتقاره للغة العربية بالرغم من أنها أتاحت له أن يقدم إنتاجاً يهودياً عبرها. وفي الوقت ذاته قدم يهودا هاليفي، اليهودي الذي كتب بالعربية أيضاً، نموذجاً لبطل يهودي متفوق عقلياً في كتابه «ملك الخزر». وفي فترة التيه هذه بالذات كتب اليهود أجزاء كبيرة من اجتهاداتهم الدينية التي أضحت فيما بعد اجتهادات مقدسة والتي تحتوي نصوصاً واضحة تمزج بين الشعور بالتفوق واحتقار الآخرين مزجاً هائلاً.

---

(١٣) Reuben Wallenrod, *The Literature of Moderm Israel* (New York: Abelard Schuman, 1956), p. 83

ومع تزايد المصادر تتزايد الحجج في هذا النطاق. إن أسطورة اليهودي التائه نفسها، التي كانت منذ البدء ترمز إلى تجريم اليهود بصلب المسيح تنقلب بعد القرن الخامس عشر وبالتدريج لتضحي رمزاً لتفوق اليهودي الذي كسب مزيداً من العقل والعلم عن طريق تجواله الذي لا ينقطع، وفي مطلع القرن التاسع عشر انقلبت شخصية اليهودي التائه في الشعر والقصة والمسرحية «من شخصية مستغفر إلى شخصية ثائر»،[١٤] وفي أواسط القرن دفع اليهودي جاك هاليفي، (١٧٩٩-١٨٦٢)، بشخصية اليهودي التائه في أوبرا «اليهودية» إلى صعيد عرقي ونقلها من قصص المتهَم إلى منبر المتهِم.

وتكاد لا تخلو بعد ذلك رواية أو مسرحية أو قصيدة من شخصية هذا اليهودي التائه بصفته رجلاً أفضل من الجميع، يرمز إلى الدين والعرق في آن واحد، مازجاً بينهما ليصل إلى إقرار بالتفوق وباحتقار الآخرين. ويصل الأمر ببار لاجر كفيست إلى أن يترك بطله أهاسورس (وهو اليهودي التائه) يحاكم الإله ذاته في آخر رواية كتبت عن اليهودي التائه.[١٥]

---

(١٤) Edgar Rosenberg, *From Shylock to Svengali* (Stanford, Valifornia: Stanford University Press, 1960), pp 307 - 308

(١٥) Pär Lagerkvist, *The Death of Ahasuerus* (New York: Random House, 1962), pp. 109 - 117

وقد يكون من الضروري أن ينتظر الناقد حتى عام ١٨٣٢ ليمسك الشاهد الواضح في رواية اسمها «دافيد آلروي» كتبها بنيامين دزرائيلي الذي صار فيما بعد رئيساً للوزارة البريطانية. ففي هذه الرواية التي كتبت آنذاك توجد البذور الفعلية لولادة الصهيونية السياسية، يوجد كشف حقيقي عن هذه القضية: في دافيد آلروي (الذي يلفت النظر أمر اختفائه من الأسواق العالمية في السنوات الأخيرة) يعثر القارئ على جمل من هذا الطراز: «العبريون هم عرق غير مختلط.» ويقرر المؤلف، الذي تعتبره الصهيونية اليوم واحداً من طلائعها المبكرة، أنه «ليس بوسعك أن تهدم العرق الصافي، وهذه الحقيقة سيكولوجية، وهي قانون الطبيعة البسيط.» ويمضي إلى أبعد من ذلك فيقول: «إن كل شيء عرق، وليس ثمة حقيقة أخرى.» ويرى دزرائيلي في روايته هذه «أن ما يعتقده الناس سلوكاً فردياً ما هو إلا شخصية العرق.»

لقد فتحت هذه الرواية، التي أرادت أن تبرهن أن اليهود هم المؤهلون الوحيدون لقيادة الكون، بوابة واسعة لأعمال مماثلة حاولت أن تضع هذا المنطق ضمن حدود تصل به إلى نتيجة. وقد كانت هذه الرواية بالذات سبباً مباشراً من الأسباب التي دفعت جورج إليوت لكتابة روايتها الكبيرة المشهورة «دانييل ديروندا»،

وفي هذه الرواية وضعت إليوت قاعدة من القواعد التي التزمت بها الروايات الصهيونية اللاحقة وهي القاعدة البطولية.(١٦)

في القرن العشرين أضحى هذا الاتجاه بغير ما حاجة إلى عين ناقدة، فهو موجود في الإنتاج الأدبي الصهيوني بصورة أوضح من أن ينصرف المرء إلى التفتيش عنه، موجود إلى حدّ اضطر وولنرود إلى تقديم تفسير، ولذلك يقول: إن الكاتب اليهودي يفقد كثيراً من موضوعيته بسبب شعوره الكامل بهويته ومسؤولياتها، إن القرب الشديد من الأحداث والشخصيات يعطي كتاباته حيوية، ولكن يعطيها، في نفس الوقت، نوعاً من المايوبيا.

وسنرى فيما بعد أن هذا الكلام غير صحيح، فالكاتب الصهيوني يفقد موضوعيته ليس كلما اقترب من الأحداث والشخصيات، ولكن كلما ابتعد عنها، ويبدو أن هذه الظاهرة المهمة هي دليل واحد فقط على ارتطام الوهم الصهيوني بالواقع الماثل وسقوطه نتيجة هذا الارتطام. إن البطل اليهودي المعصوم والمتفوق يعيش عهده الذهبي في أعمال الأدباء الصهيونيين الذين لم يعرفوا فلسطين، ولم يعيشوا أحداث إنشاء إسرائيل الفاجعة، في حين لا نستطيع أن

(١٦) Sol Liptzin, *The Jewish Book Annual: 1951 - 1952* (New York: Jewish Book Council of America, 1951), vol. 10, pp 42 - 43

نحصل إلا على صورة مهزوزة لهذا البطل في أعمال الأدباء الصهيونيين الذين أرغمتهم أحداث ١٩٤٨ على التمرس بها فعلاً.

إن الروايات الصهيونية التي كتبت بعد ١٩٤٨ تميزت بالميزتين اللتين تحدثنا عنهما قبل قليل: الإصرار على بطل يهودي معصوم ومتفوق، والإصرار في الوقت ذاته، وتوضيحاً للصورة، على احتقار الجانب الآخر، أي العرب.

إن مثل هذا الانحراف في الرؤية لا يوجد في أي نوع من الأعمال الأدبية المعاصرة، حتى في الروايات التي كتبت عن «بطولات» الحلفاء في الحرب الثانية، وكذلك فإن قصص رعاة البقر الأميركيين لا تستطيع أن تتوصل إلى مضاهاة الأعمال الأدبية الصهيونية في ذلك المستوى من انحراف الرؤية.

ولم يحدث هذا بالمصادفة بالطبع، فالكاتب الصهيوني، حين يكتب رواية أو قصة عن إسرائيل، يواجه واقعاً مزدوجاً لا مناص من حل إشكالاته. هذا الواقع المزدوج هو تبريره لأعمال العنف التي هدفت إلى طرد العرب من ناحية، وتبريره لفكرة إنشاء إسرائيل من ناحية أخرى.

إن أدب المقاومة العربي في الأرض المحتلة – بالمقابل – يصول هنا في ميدان أقل قيوداً وأكثر التزاماً، وهو لا يحتاج إلى

افتعال مبرر لمعركته ولا لقضيته ولا حتى لعنفه.. وفي الوقت نفسه يرد ببساطة بديهية ودون تحايل على الدعاوى التي يجد الكاتب الصهيوني نفسه مضطراً لترتيبها في صلب أعماله.. وقد بحثنا هذا الجانب من الموضوع في الفصل الأول، كما أن النماذج المنشورة في الصفحات التالية من أدب المقاومة العربي تعطي دليلاً آخر.

بالطبع إن أية رواية صهيونية لا تخلو، في محاولة لمواجهة هذا الواقع المزدوج، من استعانة بسلاحين شديدي الإغراء، أولهما التطويل في الحديث عن المذابح التي قامت بها الهتلرية، وثانيهما الربط بين الصهيونية ووعود التوراة بشأن فلسطين، ولكن هذين السلاحين يبقيان سلاحين خارجيين، وإذا كانا، نظرياً، مرنين وعاطفيين فإنه من الضروري التعامل مع أسلحة أكثر داخلية في العمل الأدبي، وحين يبدأ أبطال هذه القصص (وهم أبطال يجيئون دائماً من ألمانيا الهتلرية بمعجزة، تاركين في مقابرها ومعتقلاتها أمهاتهم وأخواتهم وأصدقاءهم، وهم أبطال يحفظون التوراة – دائماً – عن ظهر قلب)، حين يبدأ هؤلاء بالتعامل مع أعدائهم – وهم لسوء الحظ في فلسطين ليسوا من الألمان، ولا يحفظون التوراة غيباً – فإن الحاجة إلى نوع جديد من الأسلحة تصبح حاجة ملحة، وهكذا لا يجد الروائي الصهيوني مناصاً من أن يجعل قضيته مع هذا العدو

قضية «جدارة» في الحياة. وفوراً ينتهي المؤلف مجبراً إلى الاعتقاد بأن العربي هو دائماً وضيع وغير إنساني وخاطئ، وأن اليهودي هو دائماً بطل وإنسان وعلى صواب - فكرياً وبدنياً وحضارياً.

إن أدب المقاومة العربي، كما رأينا، يرد على هذا الكلام دون تردد، وتلقائياً.

فالعربي في رواية «نجمة في الريح»، من تأليف روبرت ناثان، لا يلعب بعنف فقط «ولكن بوضاعة»،[١٧] وهو جبان ويفضل أن يطلق ساقيه للريح عن أن يقاتل،[١٨] وإذا قاتل فليس لديه أي سبب إلا النهب،[١٩] وهو لا يجيد التصويب،[٢٠] وإذا هرب ترك إخوانه القتلى دون اهتمام.[٢١] وفي ص (١٤٤) يكتشف القارئ أن الطائرات العربية، إذا أغارت، فهي لا تقتل إلا الأطفال. أما في «لصوص في الليل» من تأليف أرثر كوستلر فإن سكان قرية عربية كاملة هم من الأميين والبهاليل (ص ١٤). وفي «إكسودس» من تأليف ليون أوريس

---

(١٧) Robert Nathan, *A Star in the Wind* (New York: Alfred & Knopf, 1962) p. 71

(١٨) Ibid., p.164

(١٩) Ibid., p.186

(٢٠) Ibid., p.202

(٢١) Ibid., p.203

توجد أكوام من الشتائم الغريبة، وأن مقاطع صغيرة «مختارة» تعطي فكرة عن الطريقة التي عالجت فيها هذه الرواية الشهيرة قضية العربي، مثلاً:

«قال جوسي: بالنسبة للأتراك بوسعك أن تشتريهم، أما بالنسبة للعرب فيجب أن تتعلم كيف تعيش معهم بسلام.

رفع ياكوف قبضة يده ولوح بها في الهواء وقال: «شيء واحد يفهمه العربي، إنه يفهم هذا فقط» ص ٢٤٤.

ولنستمع إلى هذا المقطع من ص ٣٥٧:

«طرد آري من حوله جماعة من الصبية العرب إلا إن أحدهم ظل يلاحقه:

– أتريد دليلاً؟

– لا.

– تذكارات؟ لدي خشب من الصليب ومزق من الثوب.

– أعرف.

– أتريد صوراً عارية؟

حاول آري أن يجتاز الصبي إلا إن الأخير تمسك بساقيه:

– ربما تعجبك أختي، إنها عذراء.

رمى آري قطعة نقود وقال له:

- احرس السيارة بحياتك نفسها.

وفي ص ٣٦٩ هذه الجملة:

«وماذا يمكن أن يحدث لو ذهب طه (العربي) إلى جوردانا (اليهودية) وقال لها أنه يحبها؟ سوف تبصق عليه، حتماً.»

وهذه الجملة في ص ٤٣٢:

«لم يكن بوسع أي يهودية أن تعيش مع الإنكليزي أرنولد، ولم يكن بالوسع إيجاد فتاة إنكليزية، وهكذا لم يبق إلا امرأة عربية.»

لقد رأينا الإنسان العربي في أدب المقاومة: مطالبه وارتباطاته وقضاياه، ليس فقط في النماذج التي قدمها هذا الأدب، ولكن أيضاً في الرجال الذين كتبوه وغنوه ودفعوا حياتهم أحياناً ثمناً له، فلنر - إذن - كيف يبذل الأدب الصهيوني محاولته للتزوير:

في «إكسودس» نجد أن أفضل شاب عربي في الرواية، وهو كمال، يتمتع بميزة «ممتازة» ليستحق عطف المؤلف وأبطاله، فهو يعتقد «أن اليهود هم الخلاص الأوحد للشعب العربي، واليهود هم الوحيدون الذين جلبوا الضوء إلى هذا الجزء من العالم في الألف سنة الأخيرة» ص ٢٧٩. أما الشاب العربي الآخر طه، الذي يحظى جزئياً بعطف المؤلف وأبطاله أيضاً، فهو من الطراز الذي يشرحه المقطع التالي:

«قال آري: رجاء ساعدني.

فأجاب طه: أنا عربي.

– أنت إنسان، أنت تعرف الفرق بين الصواب والخطأ.

– أنا عربي قذر!

– أنت الذي تعتقد ذلك بنفسك.

– إذا كنت أخاك، إذن اعطني جوردانا – نعم، هذا صحيح، اعطني إياها واتركني آخذها إلى فراشي، دعها تحمل مني أولادي. انطلقت قبضة آري وسحقت فك طه فأرسل العربي راكعاً فوق ركبتيه وراحتيه» ص ٥١٥.

وفي «إكسودس»، التي توقفنا عندها قليلاً لأنها أضحت مقياساً ونموذجاً للأعمال الأدبية التي نشرت معها وبعدها وقبلها، يعيش الأطفال العرب بلا أهداف (ص ٣٧١)، «وإذا هاجم الرجال العرب في ١٩٣٨ فإنهم يضعون السكاكين بين أسنانهم» (ص ٣٠١)، وإذا حاربوا فلأن ضباطهم يجبرونهم بالقوة على ذلك (ص ٥١٨)، ويدفعون لكل منهم دولاراً واحداً في الشهر (ص ٥٢٠)، أما حوانيت العرب فهي لم «تكنس منذ عشر سنوات على الأقل» (ص ٤٠٠)، وزعماء العرب كلهم جواسيس وعملاء ومأجورون (ص ٣٨).

وعلى الضفة الأخرى من هذه الروايات يقف البطل اليهودي:

متفوقاً ومعصوماً، لا حد لبطولته ولا ميزان لصوابه المطلق: فقائد المباحث القبرصية في «إكسودس» يعتقد أنه لا يمكن إطلاقاً أن تشتري يهودياً ليكون جاسوساً (ص ١١٥)، وهو نفسه يعتقد أن اليهود في فلسطين «يأكلون الرجال.. في وقعات الفطور» (ص ١١٥)، ودوف، وهو بطل ثانوي في «إكسودس»، رغم انحرافه نتيجة تعذيبه على أيدي الألمان، صار أحسن مزور جوازات سفر في بولونيا وهو في الثانية عشرة من عمره (ص ١٣٥)، وكان قادراً وهو في العمر نفسه على مطاردة عدد كبير من الأشرار (ص ١٣٨).

والمؤلف لا يجد نفسه غير طبيعي، على الأقل، حين جعل مالكولم يقول: إن رجالكم في الهاغاناه يشكلون بلا تردد أعلى مستوى ثقافي وعقلاني ومثالي لرجل تحت السلاح في العالم أجمع» (ص ٣٠٥)، كما أن جوسي اليهودي، من فوق صهوة جواده، يقوم منفرداً بتأديب قبيلة بدوية كاملة عن طريق جلد زعيمها بالسوط (ص ٢٥٤). واليهود حتى أثناء قصف المدافع لبيوتهم لا يستطيعون إلا مواصلة الاستماع إلى الموسيقى السيمفونية والقيام بتجارب الأوركسترا (ص ٥٥٨).

وببساطة يقرر مؤلف «نجمة في الريح»:

«إنني أتصور أنه لم يعد يوجد في هذا العالم أي شجاع إلا

شعبنا اليهودي» (ص ٧٧)، وأنه إذا كان الكاثوليكي يضع نفسه في يد الله ويترك المعجزات للقديسين فإن اليهودي يقوم باجتراحها (ص ١٥٩)، وفجأة ينقلب كل أبطاله اليهود، على اختلاف شخصياتهم، فوق ظهر السفينة التي نقلتهم إلى فلسطين إلى أبطال شديدي الروعة.

أما يائيل دايان فقد قررت في كتابها «طوبى للخائفين» أن العرب لم يقاتلوا لأنهم جبناء «وقد انتصرنا طبعاً» (ص ١٣٠). وفي «إكسودس» يقوم مدنيو سفينة «أرض الميعاد» اليهود بهزم جنود مدمرتين بريطانيتين في معركة دامت خمس ساعات استعمل فيها اليهود خراطيم المياه والحجارة مقابل الرصاص (ص ١٦٦)، والقارئ لا يستطيع أن يعثر على نقطة ضعف واحدة من شخصيات الأبطال الرئيسيين والثانويين اليهود في المجموعة البارزة من الأعمال الأدبية الصهيونية. في «إكسودس» تبدو هذه الظاهرة الراعبة بشكل مضحك، وتبدو بصورة فضائحية في «نجمة في الريح». أما الأبطال في «الانتصار الأكبر» من تأليف لستر غورن و«الرغبة الأخيرة» من تأليف جوزف فيرتل فهم الكمال نفسه، وكل ما عداهم يجب أن يكون في الدرجة الثانية.

◆ ◆ ◆

إن الخط الذي تجري فوقه أحداث الصهيونية التي كتبت في أعقاب ١٩٤٨ يمكن أن يحدد كما يلي:

أولاً: البطل غالباً ما يكون قادماً من أوروبـا، مهاجراً إلى فلسطين بدافع «وطني» وأخلاقي، تاركاً وراءه ذكرى طازجة جداً لمذبحة أو لمذبحتين هتلريتين فقد فيهما أهله وأصدقاءه - هذا البطل بالذات تكرر في «إكسودس» بشخصية دوف، وفي «نجمة في الريح»، وفي «الانتصار الأكبر» وفي «الرغبة الأخيرة» وفي «غبار» ليائيل دايان، وفي «في أعقاب خيال عملاق» من روايات السيرة (تد بركمان)، وفي غيرها.

ثانياً: البطل أو البطلة يقع أو تقع في غرام شخص غير يهودي، وعن طريق العلاقة بينهما يقدم المؤلف شرحاً للصهيونية ويدير نقاشا بين الطرفين على هواه، النتيجة طبعاً هي أن يكتشف غير اليهودي عدالة القضية اليهودية فيضحي بدوره جندياً من جنود الصهيونية.

ثالثاً: العرب، بصفتهم الطرف الآخر في الرواية، لا قضية لهم،

وكي يبرهن المؤلف على ذلك يلجأ إلى إلغاء قضية العربي الوطنية وتكبير الإشكال اليهودي الذي لا حل له، ويبذل جهداً ليبرهن أن العرب خربوا أرض فلسطين، وهو جهد يترافق عادة بمحاولة لتضخيم آثار اليهود فيها، وغالباً ما يكون البطل ضليعاً في التوراة وفي علم الآثار اليهودية.

رابعاً: مسلحاً بهذه الأسلحة يدخل المؤلف إلى الأحداث، ولكنه يظل محتاجاً إلى إظهار اضطهاد العالم له، والأميركيون والدانمركيون، لاعتبارات مختلفة، هما الشعبان الوحيدان اللذان نجوا من انتقادات واحتقارات الرواية الصهيونية. إن الحملات التي توجه عادة إلى الشعوب الأخرى تنطلق من محاولة لإظهار تماسك اليهود كأقلية وجهدها البقاء في جو معاد، الأمر الذي ينفي أية بادرة طيبة من قبل تلك الشعوب. ولأنه لا يمكن حصر مثل هذا الهدف فإن المؤلف لا يستطيع عادة السيطرة عليه، وبالتالي ينقلب إلى هجوم فيه الكثير من التصغير والاحتقار كما حدث مع ليون أوريس في «إكسودس» حين تحدث عن مقاومة اليهود في بولونيا فأفرد صفحات لتصغير واحتقار البولونيين (ص ١٣١).

خامساً: بسبب فقدان الرابطة الجغرافية واللغوية والتاريخية لليهود لا يستطيع المؤلف الصهيوني في حديثه عن توجه اليهود

٩٨

إلى فلسطين أن يتجنب اعتبار الدين والعرق كدافع واحد داخلي يصاحب الدوافع الخارجية (الهتلرية والاضطهاد) لهذه الحركة تجاه فلسطين، ولذلك تقع الأعمال الأدبية الصهيونية في شباك التشدق العرقي بطرق متفاوتة، كما حدث في «دافيد آلروي» لبنيامين دزرائيلي، وكما حدث فيما بعد في «إكسودس» وفي «طوبى للخائفين» وفي عدد كبير من القصص القصيرة التي تعاملت مع هذا الموضوع.

إن هذه المحاور الخمسة تشكل معاً الهيكل العظمي للغالبية الساحقة من الأعمال الأدبية الصهيونية التي تصدت لتاريخ الأربعينات والخمسينات من هذا القرن، على أصعدة متفاوتة، فإذا كان ليون أوريس لم يكتفِ بمئات من الصفحات تحدث فيها عن الاضطهاد النازي حديثاً دراماتيكياً محشواً بمبالغات أسطورية، إذا كان أوريس لم يكتفِ بذلك فملأ مئات من الصفحات الأخرى بمحاولات مبالغ فيها أيضاً لتحقير العرب والشعوب الأخرى، فإن يائيل دايان في «غبار» مثلاً استطاعت أن تتجنب الحديث عن العرب وأن تحصر الرواية كلها في نوع من المونولوج الداخلي يجريه البطل بين صفحة وأخرى مع أهله الذين أُحرقوا في أحد المعتقلات الهتلرية، ولكن الاثنين - على اختلاف مقدرتهما الغنية

وطريقة معالجتهما للمشكلة - لم يستطيعا على الإطلاق أن يقدما للإشكالات التي تنبثق من المزج بين الدين والعرق، هذا المزج الذي لا مناص من مواجهته في الأعمال الأدبية، تبريراً: فمن ناحية أولى يلجأ مؤلف اكسودس صراحة إلى أسلوب نازي في إقامة مستويات بين الأعراق يمنح ما يشاء منها حق الحياة ويحرمه لمن يشاء، ومن ناحية ثانية تسلط يائيل دايان سيف هتلر على رقاب القراء لتخفي وراء حافته الدموية حقائق أخرى ليست أصغر شأناً أو أقل قرباً من مجمل الصورة التي تتعامل روايتها معاً.

على أن طبيعة البحث تقتضي الإشارة إلى ظاهرة أخرى.

لقد ذكرنا فيما سبق أن الناقد الذي يستعرض الإنتاج الصهيوني يلحظ، على عكس ما قال وولنرود، أن الكاتب الصهيوني يفقد موضوعيته كلما ابتعد عن الأحداث والأشخاص، وليس كلما اقترب منها.

إن ليون أوريس أكثر بعداً عن الأحداث من يائيل دايان، وبالتالي فهو أكثر فقداناً للموضوعية وأكثر لجوءاً إلى المبالغات، وأكثر تقيداً بأسس الصهيونية النظرية، وبالتالي أكثر خضوعاً لتناقضاتها من يائيل دايان التي عاشت الأحداث عن كثب.

وقرب يائيل دايان من الأحداث هو الذي جعلها في «طوبى

للخائفين» تقوم بمحاولة لتبرير البطل المعصوم، والعنوان واضح في هذا المجال، وهذا الوعي هو الذي كان وراء قصة «غبار» التي حاولت فيها أن تقدم نوعاً عادياً من البشر ليس مصبوباً في قوالب متطلبات الاعوجاج النظري للصهيونية، ولكن كتّاباً صهيونيين أكثر قرباً من الأحداث من يائيل، عاشوا فترة أطول منها في فلسطين قبل ١٩٤٨ واشتركوا في قتال ١٩٤٨ قدموا في السنوات القليلة الماضية نوعاً من القصص القصيرة هو أقل فقداناً للموضوعية مما قدم أوريس بالطبع، ومما قدمت دايان أيضاً.

أغلب الظن أن هؤلاء القصاصين، وخصوصاً بنيامين تموز وس. يزهار، ليس بمقدورهم موضوعياً أن يحملوا العرب جرائم هتلر، كما حاول أوريس (ص ٣٨)، وهم لا يواجهون، على صعيد شخصي، ضرورة تقديم مبرر للهجرة لأنهم كانوا يعيشون في فلسطين قبل ١٩٤٨، وهم، أغلب الظن وإلى حد بعيد، قد مارسوا نوعاً من العلاقة مع العرب في السنوات التي سبقت ١٩٤٨، سواء كانت علاقة قتال أم علاقة عادية، وقد شاركوا في الحرب وعاشوها واطلعوا من فوق أرضها الحقيقية على وقائعها، وهم لا يواجهون بإلحاح متطلبات الدعاية الخارجية كأوريس مثلاً، أو كدايان التي تكتب بالإنكليزية، وقد شهدوا ولادة إسرائيل، وأحسّوا، أغلب الظن، أن التصور النظري

لحياة هذه الدولة ولمستقبلها لا ينطبق عملياً على الواقع، وواجهوا داخل دولتهم الجديدة التناقضات التقليدية التي لم تستطع الصهيونية أن تتجنبها وفي أحيان كثيرة زادتها.

لقد نشأ عن كافة هذه الضغوط اضطرار الرضوخ إلى حد أدنى من الموضوعية أكثر مما تتطلب الظروف الأخرى من الصهاينة الآخرين أن يرضخوا.

ورغم ذلك، وكي لا يمضي بنا التصور إلى مداه، فإن الاختلاف بين هؤلاء الكتّاب وبين غيرهم هو اختلاف محدود، ويبدو أن المشكلة الكبرى التي تواجههم في أعمالهم الأدبية هي أنهم لا يستطيعون ببساطة أوريس وباكان وغورن وفيرتل أن يخلعوا عن العرب حقهم في الأرض، ولا يستطيعون أن يسقطوا من تجاربهم أكثر من ربع قرن عاشوها شخصياً كأقلية فوق أرض كتبوا هم أنفسهم عنها، قبل ١٩٤٨، بصفتها أرضاً مضيفة، كما أنه قد يكون من الميسور أن يرضى الواحد منهم أن يكتب عن العرب فيصفهم بالجبن، وأن يكتب عن بطولة اليهود الخارقة، ولكن من الصعوبة حقاً أن يضع الكاتب منهم في إنتاجه شعوراً بأن عام ١٩٤٨ كان جداراً فصل المجرى المستمر من الزمن، وأن القصة انتهت هناك. ذلك أنهم يعرفون، بحكم تجربتهم الشخصية والمباشرة في النصف

الأول من هذا القرن أن القصة، فعلاً، لم تنتهِ.

وهذا ليس تخميناً، بل هو شيء شديد الوضوح. في قصة «شجرة الزيتون» التي كتبها بنيامين تموز، فإذا تجاوزنا الروح الاستعلائية التي يتحدث فيها عن القرويين العرب - ويبدو أن هذه العلة تستعصي على الشفاء - نستطيع أن نجد في قصته ملامح التحليل الذي توصلنا إليه قبل قليل.

في مكان ما من الجليل يمتلك «علي الطويل» إلى جانب بيته حقلاً من الزيتون، تربض في وسطه شجرة زيتون ضخمة تعطي قدر ما يعطي الحقل كله، من زيتها يدهن أجساد أطفاله حين يولدون، يشرب منه في الصباح، يزين طعامه ويداوي أمراضه ويهدي منه أصدقاءه. وحين أراد أن يزوّج ابنته إلى قروي عجوز ورفضت الشابة هذا الزواج الظالم ربطها إلى جذع الزيتونة يومين وليلتين حتى رضخت، ولكنها لم تضع حملها في القرية لأن اليهود اضطروا أهلها إلى النزوح.

المهاجر اليهودي الذي تسلم حقل الزيتون لا علاقة له بالزيت، لا يحبه ويبصق حين يتذوقه ولأنه لا يقص الشجرة فقد بدأ يبيع أغصانها إلى الذين يصنعون منها جِمالاً وحميراً ويبيعونها للسياح، ولكن الشجرة ذاتها بدت، أثناء ذلك، وكأنها تمد أغصانها العالية

باتجاه الشمال، كأنها - يقول المؤلف - تنادي فتاة تنتظرها وراء الحدود.

وأخيراً قطعت وزارة الزراعة الشجرة. يقول المؤلف في نهاية قصته: «وأحب أن أوضح السببين اللذين أقنعا الوزارة بقطع الشجرة، الأول، إن سلالم قطف الزيتون التي تمتلكها الوزارة، وهي ذات أطوال واحدة، لا تستطيع أن تصل إلى أغصان الشجرة العالية، والثاني، إن الشجرة جاءت، بالمصادفة، وسط الأثلام التي سيسير فيها الجرار أثناء الحرث، وقد ذكرت هذين السببين كي لا يقال إن هناك سبباً ثالثاً.»

إن الغمزة التي سجلها المؤلف في مقطع القصة الأخير واضحة، وقد تكون أكثر من مجرد غمزة، قد تكون طعنة، وكذلك فإن من الواضح أنه استعان بالتحيز التقليدي في وصفه العابر لحياة القرويين العرب، ولكن الواضح أيضاً أنه لا يستطيع أن يتحرك على هواه، كما فعل أوريس، وذلك ليس إلا بسبب قربه الشديد من الأحداث.

والقصة الثانية هي لـ س. يزهار واسمها «السجين»، وهي محاولة لتصوير ما ترده الروايات عن البطولات اليهودية الخارقة تصويراً حقيقياً، ولذلك فهو يروي كيف استطاعت فرقة من اليهود

اعتقال راعٍ عربي وسرقة مواشيه، ووصف في قصته وصفاً دقيقاً طريقة التنكيل أثناء التحقيق، والنصف الأخير من القصة هو حوار ذاتي يناقش فيه العسكري اليهودي (الذي كلف بنقل السجين مسافة طويلة في سيارة)، يناقش نفسه محاولاً أن يقنعها باطلاق سراح السجين وتركه يعود إلى زوجته، والحوار بارع فنياً، وموضوع على أسس عادلة، ورغم أن منطق إطلاق السجين يفوز نظرياً، فإن القصة تنتهي دون أن يقوم العسكري اليهودي فعلاً بإطلاق السجين.

إن المؤلف الذي لم يستطع أن يصور الراعي العربي إلا وكأنه بهلول، وهي العلة نفسها التي أشرنا إليها مرات عديدة، يحاول أن يخرج من النطاق الفولاذي الذي ضربه الكتّاب الصهاينة حول أنفسهم محاولاً أن لا يقسم قصته إلى بياض مطلق وسواد مطلق، راغباً في تلمس لمحات إنسانية تقرب عمله من الجدارة الفنية بكل متطلباتها.

على أن هناك قصة بارزة ثالثة لبنيامين تموز اسمها «السباق»، وهي تحكي عن صديقين عربي ويهودي قبل ١٩٤٨ كانا يتسابقان سباحة في نهر قرب يافا، وكان العربي يفوز دائماً. وفي الحرب احتلت مجموعة من اليهود بيارة برتقال، وفجأة يكتشف قائد المجموعة اليهودية أن قائد المجموعة العربية هو صديقه القديم،

ويبادره العربي قائلاً وكأنه يكمل حديثاً: «حسناً لقد فزت أنت هذه المرة.» إلا إن اليهودي يجيبه: «كلا! ليس بوسعك قول هذا إلا بعد خروجنا من الماء.» ويبتسم العربي بأسى فيما يخلع اليهودي ملابسه وينزل إلى النهر، وهناك يسمع طلقة رصاص فينتابه شعور بأن صديقه القديم قد قتل، يخرج فوراً فيجد صديقه ملقى على وجهه ويقول له الجندي اليهودي: «لقد قتل خطأ.» وحين يقلب جسده يرى فوق شفتيه ابتسامة غامضة، كأنه هو الذي فاز في السباق فعلاً!

إن الذي نريد التوصل إليه هو ما يلي: إن إخضاع الأدباء الصهاينة المستلزمات الفنية لأعمالهم الأدبية إلى متطلبات الدعاية الصهيونية، وإلى أسسها النظرية يوجه طعنة ليس إلى المستوى الفني في العمل الأدبي فقط، بل أيضاً إلى قيمته الإنسانية، وبالتالي فإن هذا ينتهي إلى محاولات مذهلة للحديث عن ذلك المزيج المصطنع للدين والعرق بصورة ينطبع فيها العمل الأدبي بطابعين أساسيين هما الشعور بالتفوق والاستعلاء والإصرار على احتقار كل ما هو غير يهودي.

وهذا لا يؤدي إلى انتكاس فني فقط، بل إلى انتكاس خلقي أيضاً، وهذان النوعان من الانتكاس هما الصفة الغالبة، موضوعياً،

على الأعمال الأدبية الصهيونية، والتي حاولت تسجيل تاريخ فترة الأربعينات والخمسينات بصورة خاصة.

من هذا القانون العام تخرج، إلى حد ما، الأعمال الأدبية التي قام كتّاب يهود أقرب إلى ممارسة الأحداث، Ibid., p. ١٣٥ وبالتالي أقل التزاماً بالمتطلبات النظرية للصهيونية في محاولات لإعطاء أعمال جادة تتجنب، في حدود معينة، السقوط في شراك المزج بين العرق والدين والنتائج المترتبة على هذا المزج.

الخطوة التالية في الاستنتاج هي ما يلي: إن الأدباء الصهاينة الذين تقيدوا بالأسس النظرية للصهيونية دون تجارب فعلية وشخصية على أرض الواقع اعتبروا، في أعمالهم، أن عام ١٩٤٨ كان جداراً أنهى تاريخاً وبدأ تاريخاً جديداً، وكي يتوصلوا إلى هذا الهدف الصهيوني زوروا الواقع وملأوا تسجيلاتهم بالتناقضات وأخضعوا الأحداث الموضوعية إلى أوهام نظرية، في حين أن الذين اضطروا لممارسة التجربة ومواكبة الواقع ما زالوا عاجزين عن إيجاد أي نوع من التطابق بين هذا الواقع وبين الأوهام النظرية للصهيونية، ولذلك فهم يستطيعون أن يتصوروا شجرة الزيتون تمد فروعها العالية بانتظار الغائبين، وحين يعجزون عن الوصول إلى شجاعة الاعتراف بما تعنيه هذه الحقيقة يقومون بنشر الشجرة، وكذلك

يستطيعون أن يعرفوا بأنه لا يجوز لفرقة عسكرية كاملة أن تستعرض شراستها على راعٍ، وأن هذا الراعي يجب أن يعود لأهله ولطرشه، وكي لا يقوموا بالخطوة التالية ينهون القصة دون أن يقولوا ماذا حدث وماذا سيحدث، وهم يعرفون بأن السباق لم ينتهِ في النهر الذي يواصل جريانه، وكي لا تكتمل القصة يجيزون لأنفسهم إطلاق الرصاص «خطأً» على المتسابق الآخر!

إن هذا القفز من محور إلى آخر في القصة، والتناقض في السياق بالرغم من المعطيات التاريخية التي يفترضها المؤلف، إن هذا كله ناتج من التناقض الأصلي القائم في الواقع الذي يعيشه، وفنياً أيضاً هو لا يستطيع إكمال قصص على محاورها الحقيقية، ذلك أن القصة ليست قصة الراعي فقط، ولكنها قصة المرعى، ليست قصة المتسابق الذي قتل قبل نهاية الشوط، ولكنها قصة النهر، ليست قصة شجرة الزيتون الضخمة، ولكنها قصة صاحبها علي الطويل وابنته وحفيده.

وليس يبدو، موضوعياً وفنياً، من هو مؤهل لإكمال القصة فوق محورها التاريخي الحقيقي إلا هؤلاء.

وهذا بالضبط ما يتصدى له أدب المقاومة العربي في الأرض المحتلة.

إن المؤلف الصهيوني - في أحسن حالاته وأكثرها اقتراباً من الموضوعية - يترك نهاية القصة معلقة في شعور عميق، قسري، بأنه ليس هو الذي يستطيع إكمال القصة.

لقد رأينا كيف «احتار» بنيامين تموز أمام شجرة الزيتون التي تخص علي الطويل ولكننا، بالمقابل، سنرى أن توفيق زياد يرى من حقه أن يستعمل شجرة الزيتون هذه استعمالاً بديهياً وشجاعاً وغير معرض للحيرة:

سأحفر كل ما ألقى
واحفر كل أسراري
على زيتونة
في ساحة الدار..
سأحفر قصتي وفصول مأساتي
وآهاتي
على بيارتي وقبور أمواتي
وأحفر كل مر ذقته
يمحوه عُشر حلاوة الآتي

والشيء ذاته حدث لـ«بيارة» بنيامين تموز في قصته المشار إليها فيما سبق. لقد «اضطر» المؤلف لقتل العربي على حافة تلك البيارة في حركة غير طبيعية لإنهاء القصة، ولكن محمود درويش، يتساءل – بالمقابل:

لماذا تسجن البيارة الخضراء
في سجن إلى منفى إلى ميناء
وتبقى رغم رحلتها
ورغم روائح الأملاح والأشواق
تبقى دائماً خضراء؟

إن الدرويش يضع هذا التساؤل في نطاق قصيدة تعطي جواباً واحداً هو الإيجاب.
ذلك أن أدب المقاومة لا يتساءل، فهو يعرف طريقه جيداً، وهو واثق منها إلى أبعد الحدود آملاً بنهايتها إيماناً لا يتطرق إليه الوهن..
وبإيجاز: إن أدب المقاومة العربي يحارب على جبهتين، جبهة التوعية والتعبئة، وجبهة الرد، عامداً أو غير عامد، على الأدب الصهيوني ويثبت جدارته على الجبهتين كلتيهما إثباتاً لا تردد فيه.

ذلك أنه، بالإضافة للقضية الكبيرة التي يعيها ويتصدى لها، ينطلق من إيمان عميق بالتزام ذاتي لا يتزعزع ويعي تماماً ما قيمة التزامه ومهمة ذلك الالتزام الحياتي..
ليس فقط لأنه - كما قال سميح القاسم:

وحيد في زحام الأرض
إلا من أخي الحرف

وليس فقط - كما قال محمود درويش - لأن الانتصار يأتي:

وما دامت أغانينا
سيوفاً حين نشرعها
... وما دامت أغانينا
سماداً حين نزرعها

ولكن أيضاً لأنه - كما قال نايف سليم:
ليس ما تنزفه يا قلمي
بعض حبر.. إنما بعض دمي

الفصل الثالث

نماذج من شِعر المقاومة العربي

توفيق زياد

الناصرة

على جذع زيتونة

لأني لا أحيكُ الصوف[٢٢]
لأني كلَّ يومٍ عرضةٌ لأوامرِ التوقيف
وبيتي عرضةٌ لزيارة البوليسِ
للتفتيشِ و«التنظيف»

---

(٢٢) إشارة إلى مدام لافاراج التي كانت تحوك بالصوف أسماء أعداء الشعب الفرنسي عام ١٧٨٩ لتقتص منهم الثورة بعد انتصارها.

لأني عاجزٌ أن أشتري ورقا
سأحفرُ كلَّ ما ألقى
وأحفرُ كلَّ أسراري
على زيتونة
في ساحةِ الدّارِ.
سأحفرُ قصتي وفصول مأساتي
وآهاتي،
على بيارتي، وقبورِ أمواتي
وأحفرُ كلّ مرٍّ ذقتهُ
يمحوه عُشْرُ حلاوةِ الآتي!
سأحفرُ رقم كلِّ قسيمةٍ
من أرضنا سُلبتْ
وموقع قريتي، وحدودها
وبيوت أهليها التي نُسِفَتْ
وأشجاري التي اقتلعتْ
وكل زهيرةٍ بريةٍ سحقت
وأسماء الذين تفنَّنوا
في لوكِ أعصابي وإتعاسي

وأسماء السجونِ، ونوع كلِّ كلبشةٍ
شُدَّت على كفِّي
ودوسيهات حرّاسي
وكل شتيمةٍ صُبَّت على راسي
واحفرُ: كفرُ قاسم لست أنساها
واحفرُ: دير ياسينٍ تُشرِّش فيّ ذكراها
واحفرُ: قد وصلنا قمّة المأساةِ
لاكتنا ولُكناها
ولكنّا
وصلناها.
ساحفرُ كلَّ ما تحكي لي الشمسُ
ويهمسُه لي القمرُ
وما ترويه قبّرةٌ
على البئر التي عشاقُها هجروا
لكي أذكرْ..
سأبقى قائماً أحفرْ
جميع فصولِ مأساتي
وكلَّ مراحلِ النكبة:

من الحبّة
إلى القبّة
.. على زيتونةٍ
في ساحة الدار!

نيرانُ المجوسْ

على مهلي
على مهلي
أشدُّ الضوء.. خيطاً ريّقاً
من ظلمةِ الليل
وأرعى مشتَل الأحلامِ
عند منابعِ السيل
وأمسحُ دمع أحبابي
بمنديلٍ من الفُلِّ
وأغرس أنضر الواحات
وسط حرائقِ الرمل

وأبني للصعاليكِ الحياةَ
من الشذا والخيرِ والعدلِ
وإن يوماً عثرتُ، على الطريق،
يقيلني أصلي
على مهلي..
لأني لستُ كالكبريتْ
أضيءُ لمرةٍ وأموت
ولكني
كنيرانِ المجوسِ، أضيءُ
من مهدي إلى لحدي
ومن سلَفَي إلى نَسْلي
طويلٌ– كالمدى – نَفَسَي
وأتقنُ حِرفة النمِلِ
على مهلي
لأن وظيفة التاريخ
أن يمشي كما نُملي...
طغاةُ الأرض حضّرنا نهايتهم
سنجزيهم بما أبقوا

نطيل حبالهم، لا كي نطيل حياتهم
لكن لتكفيهم
لينشنقوا!

أحبّ ولكِن

أُحِبّ لو استطعتُ بلحظةٍ
أن أقلِب الدنيا لكم رأساً على عَقبِ
وأقطعَ دابرَ الطغيانِ
أحرقَ كلَّ مغتصبِ
وأوقدَ تحت عالَمِنا القديمِ
جهنماً مشبوبة اللّهبِ
وأجعل أفقر الفقراء
يأكلُ في صحونِ الماسِ والذهبِ
ويمشي في سراويلِ
الحريرِ الحرِّ والقصبِ
وأهدم كوخه، أبنيَ له
قصراً على السُحُبِ

أحبّ لو استطعت بلحظةٍ
أن أقلب الدنيا لكم رأساً على عقبِ
ولكنْ للأمورِ طبيعةٌ
أقوى من الرغباتِ والغضبِ
نفادُ الصبرِ يأكلكم فهل
أدّى إلى إرَبِ ؟

صموداً أيها الناس الذين أحبّهم
صبراً على النُوبِ
ضعوا بين العيون الشمسَ
والفولاذَ في العَصبِ
سواعدكم تحقق أجمل الأحلامِ
تصنع أعجبَ العَجَبِ!

المسْتحيل

أهون ألف مره
أن تُدخلوا الفيل بثقب إبره

وأن تصيدوا السمك المشوي في المجرّه
أن تحرثوا البحرا
أن تُنطقوا التمساح
أهون ألف مره
من أن تميتوا باضطهادكم وميض فكره
وتحرفونا عن طريقنا الذي اخترناه
قيد شعره
كأنّنا عشرون مستحيل
في اللّد والرملة والجليل
هنا، على صدوركم باقون كالجدار
وفي حلوقِكم
كقطعة الزجاج.. كالصبّار
وفي عيونكم
زوبعة من نار
هنا، على صدوركم باقون كالجدار
ننظّفُ الصحون في الحانات
ونملأُ الكؤوس للسادات
ونمسحُ البلاط في المطابخ السوداء

حتى نسلَّ لقمة الصغار
من بين أنيابكم الزرقاء..
هنا على صدوركم باقون كالجدار
نجوعُ، نعرى، نتحدّى
نُنشدُ الأشعار
ونملأ الشوارع الغضاب بالمظاهرات
ونملأُ السجون كبرياء
ونصنع الأطفال جيلاً ثائراً
وراء جيل
كأنّنا عشرون مستحيل
في اللّد، والرملة، والجليل..

إنّا هنا باقون
فلتشربوا البحرا
نحرسُ ظلّ التين والزيتون
ونزرع الأفكار كالخمير في العجين..
برودةُ الجليد في أعصابنا
وفي قلوبنا جهنّمٌ حمرا

إذا عطشنا نعصر الصخرا
ونأكل التراب إنْ جعنا
ولا نرحل
وبالدم الزكيّ لا نبخلُ
هنا: لنا ماضٍ
وحاضرٌ
ومستقبلْ.

كأنّنا عشرون مستحيل
في اللّد، والرملة، والجليل
يا جذرنا الحيّ تشبّثْ
واضربي في القاع يا أصول!

أفضلُ أن يراجع المضطهِد الحسابْ
من قبل أن ينفتل الدولاب
لكل فعل رد فعل

اقرأوا ما جاء في الكتاب

كأننا عشرون مستحيل
في اللّد والرملة والجليل!

محمود درويش

البروة

المنَاديل

كمقابر الشهداء صمتُكِ
و الطريقُ إلى امتدادِ
ويداكِ – أذكُرُ – طائرينِ
يُحوِّمان على فؤادي
فَدَعي مخاضَ البرقِ
للأُفق المُعَبّأ بالسوادِ
وتَوقَّعي قُبلاً مُدمّاةً
ويوماً، دونَ زادِ
وتعوّدي – ما دمتِ لي –
موتي ... وأحزانَ البُعاد!
كفنٌ مناديلُ الوداعِ

وخفقُ ريحٍ في الرمادِ
ما لوَّحتْ، إلاّ ودمٌ سالَ
في أغوارِ وادِ
وبكى، لصوتٍ ما، حنينٌ
في شراعِ السندبادِ
رُدّي، سألتُكِ، شهقةَ المنديل
مزماراً ينادي
فَرحي بأن ألقاكِ وعداً
كان يكبرُ في بُعادي
ما لي سوى عينيكِ، لا تبكي
على موتٍ مُعادِ
لا تستعيري من مناديلي
أناشيدَ الودادِ
أرجوكِ! لُفِّيها ضماداً
حول جرحٍ في بلادي

قصائد عن حبّ قديم

– ١ –

على الأنقاض وردتُنا
ووجهانا على الرملِ
إذا مرّت رياحُ الصيفِ
أشرعنا المناديلا
على مهلٍ.. على مهلِ
وغبنا طيّ أغنيتين، كالأسرى
نراوغ قطرة الطلّ
تعالي مرة في البال
يا أختاه!
إن أواخر الليلِ
تعرّيني من الألوان والظلّ
وتحميني من الذل!
وفي عينيك، يا قمري القديم،
يشدُّني أصلي

إلى إغفاءة زرقاء
تحت الشمس.. والنخلِ
بعيداً عن دجى المنفى..
قريباً من حمى أهلي..

- ٢ -

تشهّيتُ الطفولة فيك.
مذ طارت
عصافيرُ الربيعِ
تجرَّدَ الشجرُ
وصوتك كان، يا ما كان،
يأتيني
من الآبار أحياناً
وأحياناً ينقّطه لي المطرُ
نقياً هكذا كالنار
كالأشجار.. كالأشعار ينهمرُ
تعالي

كان في عينيك شيء أشتهيهِ
وكنت أنتظر
وشدّيني إلى زنديكِ
شديني أسيراً
...منك يُغتفَرُ
تشهّيت الطفولة فيك.
مذ طارتْ
عصافير الربيع..
تجرد الشجرُ!

- ٣ -

ونعبر في الطريق
مكبلين
كأننا أسرى!
يدي، لم أدرِ، أم يدك
احتستْ وجعاً
من الأخرى؟

ولم تطلق، كعادتها،
بصدري أو بصدرك..
سروة الذكرى
كأنّا عابرا دربٍ،
ككلّ الناس،
إن نظرا
فلا شوقاً
ولا ندماً
ولا شزرا
ونغطس في الزحام
لنشتري أشياءنا الصغرى
ولم نترك لليلتنا
رماداً.. يذكر الجمرا
وشيء في شراييني
يناديني..
لأشرب من يديك
ترمّد الذكرى

- ٤ -

ترجّل مرةً كوكبْ
وسار على أناملنا
ولم يتعبْ
وحين رشفتُ عن شفتيك
ماء التوت
أقبل، عندها، يشربْ
وحين كتبت عن عينيك
نقّط كل ما أكتب
وشاركنا وسادتنا..
وقهوتنا..
وحين ذهبتِ
لم يذهب
لعلّي صرت منسياً
لديكِ
كنغمة في الريح
نازلة إلى المغربْ..

ولكني إذا حاولتُ

أن أنساكِ

حطّ على يدي كوكبْ

– ٥ –

لكِ المجدُ

تجنّح في خيالي

من صداكِ..

السجنُ والقيدُ..

أراك، إذا استندتُ

إلى وسادٍ

مهرةً.. تعدو

أحسكِ في ليالي البرد

شمساً

في دمي تشدو

أُسمِّيك الطفولة

يشرئب أمامي النهدُ

أسمّيك الربيع
فتشمخ الأعشاب والوردُ
أسمّيكِ السماء
فتشمت الأمطار والرعدُ
لك المجدُ
فليس لفرحتي بتحيُّري
حدٌّ
وليس لموعدي وعدُ..
لك المجدُ

- ٦ -

وأدركنا المساءُ..
وكانت الشمسُ
تسرّح شعرها في البحرْ
وآخر قبلةٍ ترسو
على عينيّ مثل الجمرْ
— خذي مني الرياح
وقبّليني

لآخر مرة في العمر.

.. وأدركها الصباحُ

وكانت الشمسُ

تمشِّط شعرها في الشرقْ

لها الحناء والعرسُ

وتذكرةٌ لقصر الرقّ

– خذي مني الأغاني

واذكريني..

كلمح البرقْ

وأدركني المساء

وكانت الأجراسْ

تدق لموكب المسبيّة الحسناءْ

وقلبي بارد كالماسْ

وأحلامي صناديق على الميناء

– خذي مني الربيع

.. وودّعيني

عاشق من فلسطين

عيونُكِ شوكةٌ في القلبِ
توجعني.. وأعبدُها
وأحميها من الريحِ
وأُغمدها وراءَ الليلِ والأوجاعِ.. أغمِدها
فيُشعلُ جرحُها ضوءَ المصابيحِ
ويجعل حاضري غدها
أعزّ عليّ من روحي
وأنسى، بعد حين، في لقاء العين بالعينِ
بأنّا مرة كنّا، وراء البيت، اثنينِ!

كلامُكِ كان أغنيةْ
وكنتُ أحاولُ الإنشاد
ولكن الشقاءَ أحاطَ بالشفةِ الربيعيَّة
كلامُكِ، كالسنونو، طار من بيتي
فهاجر بابُ منزلنا وعتبتنا الخريفيَّة
وراءَكِ، حيث شاء الشوقُ

وانكسرت مرايانا
فصار الحزن ألفينِ
ولملمنا شظايا الصوتِ
لم نتقن سوى مرثيةِ الوطنِ
سنزرعها معاً في صدر قيثارِ
وفوق سطوحِ نكبتنا، سنعزفها
لأقمارٍ مشوَّهة، وأحجارِ
ولكنيّ نسيتُ.. نسيتُ يا مجهولةَ الصوتِ
رحيلك أصدأ القيثارَ.. أم صمتي؟!
رأيتكِ أمسِ في الميناء
مسافرةً بلا أهل، بلا زادِ
ركضت إليكِ كالأيتامِ
أسألُ حكمةَ الأجدادِ:
لماذا تُسحبُ البيّارةُ الخضراء
إلى سجن، إلى منفى، إلى ميناء
وتبقى رغم رحلتها
ورغم روائح الأملاح والأشواقِ
تبقى دائماً خضراءْ؟

وأكتبُ في مفكرتي:
أحب البرتقالَ، وأكرهُ الميناءْ
وأردفُ في مفكرتي..
على الميناء..
وقفتُ.. وكانت الدنيا عيون شتاء
وقشر البرتقال لنا..
وخلفي كانت الصحراء!
رأيتك في جبال الشوكِ
راعيةً بلا أغنام
مطاردةً، وفي الأطلال..
وكنتِ حديقتي، وأنا غريبُ الدّارْ
أدقُّ الباب يا قلبي
على قلبي..
يقوم البابُ والشُباك والأسمنت والأحجارْ

رأيتك في خوابي الماء والقمحِ
محطّمةً. رأيتك في مقاهي الليل خادمةً..
رأيتك في شعاع الدمع والجرحِ

وأنت الرئة الأخرى بصدري
أنتِ أنتِ الصوتُ في شفتي
وأنتِ الماءُ.. أنتِ النارْ..

رأيتُكِ عند باب الكهف، عند الغارْ
معلّقة على حبل الغسيل ثيابَ أيتامك
رأيتك في المواقد.. في الشوارع
في الزرائب
في دم الشمسِ
رأيتك في أغاني اليُتمِ.. والبؤسِ
رأيتك ملء ملح البحر.. والرملِ
وكنتِ جميلةً كالأرض، كالأطفال، كالفلِّ
وأقسمُ:
من رموش العين سوف أخيط منديلا
وأنقشُ فوقه شعراً لعينيكِ
وإسماً حين أسقيه فؤاداً ذاب ترتيلا
يمدّ عرائش الأيكِ..
سأكتب جملة أغلى من الشَهْداء والقبلِ:

فلسطينية كانت.. ولم تزلِ!

فتحتُ البابَ والشباكَ في ليل الأعاصيرِ
على قمرٍ تصلّبَ في ليالينا
وقلتُ لليلتي: دوري
وراء الليلِ والسورِ
فلي وعد مع الكلمات.. والنورِ
وأنت حديقتي العذراءُ..
ما دامت أغانينا
سيوفاً حين نشرعها
وأنت وفية كالقمح..
ما دامت أغانينا
سماداً حين نزرعها
وأنت كنخلة في الذهنِ
ما انكسرت لعاصفة وحطّابِ
وما جَزَّت ضفائرها
وحوشُ البيد.. والغابِ
ولكني أنا المنفيُّ خلف السورِ والبابِ

خذيني تحت عينيكِ..
خذيني، أينما كنتِ
خذيني، كيفما كنتِ
أُردّ إلي لون الوجه والبدنِ
وضوءَ القلب والعينِ
وملح الخبز واللحنِ
وطعم الأرض والوطنِ
خذيني تحت عينيكِ
خذيني لوحةً زيتية في كوخ حسراتِ
خذيني آيةً من سفر مأساتي
خذيني لعبةً... حجراً من البيت
ليذكرَ جيلنا الآتي
مساربه إلى البيتِ!

فلسطينيةَ العينين والوشمً
فلسطينيةَ الاسمِ
فلسطينية الأحلام والهمِّ
فلسطينية المنديل والقدمين والجسمِ
فلسطينية الكلمات والصمتِ

فلسطينية الصوتِ
فلسطينية الميلاد والموتِ
حملتك في دفاتريَ القديمةِ
نارَ أشعاري
حملتك زادَ أسفاري
وباسمك، صحتُ في الوديانْ:
خيول الروم... أعرفها
وإن يتبدل الميدانْ
خذوا حذراً
من البرقِ الذي صكّته أغنيتي على الصوّان
أنا زين الشبابِ، وفارس الفرسان
أنا.. ومحطِّمُ الأوثان.
حدود الشامِ أزرعها
قصائدَ تُطلقُ العقبانْ
وباسمكِ صحت بالأعداء:
كلي لحمي إذا ما نمتُ يا ديدانْ
فبيض النمل لا يلد النسورْ..
وبيضة الأفعى...

يخبىء قشرها ثعبان!
خيول الروم أعرفها
وأعرف قبلها أني:
أنا زين الشبابِ، وفارس الفرسان!

سميح القاسم

الرامة

الجوادُ الجامح

ركبتُ جوادكَ الجامِحْ
ويمّمتُ القفارَ الجرد، في أثرِ المدى السائحْ
وحيداً في زحام الأرضِ
إلا من أخي الحرفِ
وجزتُ البيدَ
محروماً من الجرأةِ
محروماً من الخوفِ
فكيف أعودُ؟ كيف أعودُ؟ يا معبودي الجارحْ؟
وأنت حرارةُ المهمازِ والسوطِ
وأنت وشاحيَ الملتف من كتِفَي إلى إبطي
وأنت الزادُ.. كلُّ الزادْ
وأنت.. وصيةُ الميعاد
– «هنا باريس»..

- «هنا بيروت»..

- «هنا موسكو»..

وألكزُ، جامحَ الأحزان، صدرَ جوادِك الجامحْ
وفي سَغَبي وفي ظمأي
أغِذُّ السير... يا معبوديَ الجارح!

يميناً أيُّها المولى
يميناً أيها الجاعلُ من أشواكنا فُلاّ
يميناً لن نبيع الجرحَ
مهما ساومتْ مُديه
ولن تبقى شقيقتُنا
طوال الدهرِ.. مسبّيه!

- «هنا عمان»..

- «هنا روما»..

-«هنا بغداد»..

فكيف نَفرُّ؟ كيف نفرُّ من منبتنا الأرضي؟

وكيف نبيحُ للنسيانِ أجيالاً من البغض؟
وكيف؟ وكيف؟ لن نهدأ
وملء عيونِنا المرفأ
ونارُ جبيننا المشجوجِ لن تطفأ
بغير ضمادِك الرحمن.. يا إيقاع أحرفِنا
ويا رؤيا تلهُّفِنا
ويا تاريخنا المنهوب
يا قاتلنا المحبوب
يا موطننا الجارح
فحتى الموت.. حتى الموت
يبق فارسُ الأحزانِ
عبد جوادِك الجامح!

بطاقة إلى الجماهير

ردّي على الخصم الألدِّ   آن الأوان لأن تردّي
ردّي على كهّان عرش   شيد من صفد وصفد
كهان سلطنة الخنى   من كل جلف مستبد

وفئول أعداء الحياة ومرتجاها المستجد
القائمين على العهود الناكثين بكل عهد
الأغبياء الواهمين بأنهم أرباب مجد
يا بضعة الشعب المقيم خيامه في كلّ حد
تتقاذف الأمصار خطوته فمن غور لنجد
يا بضعة المتشردين اللاطمين بألف سد
ماذا ترى أعددت، غير الذل، للظلم المعدّ؟
يا بنت من رفعوا على الآفاق رايات التحدي
ردّي على الخصم الألدّ آن الأوان لأن تردّي

كفر قاسِم[٢٣]

رغم ليل الخنى وليل المظالم
حل وفد الكفاح يا كفر قاسم

(٢٣) عام ١٩٦٥ توجه الشباب العربي في الأرض المحتلة إلى كفر قاسم للاحتفال بذكرى المجزرة الدامية التي وقعت هناك في أكتوبر/تشرين الأول ١٩٥٦ وراح ضحيتها أكثر من خمسين امرأة وطفل؛ إلا إن الحاكم العسكري منع القادمين من دخول القرية وإقامة المأتم فتجمع القادمون خارج الأسلاك المضروبة حول القرية، حيث ارتجل الشاعر فيهم هذه القصيدة.

رغم عسف الطاغوت يزبد سمّا
رغم سدّ الأسلاك في الدرب جاثم
رغم حقد الرشاش يشهره الظلم
أتينا.. فليعلق النعل حاكم
نحن من شعبك المقيم على عهد
الضحايا وذكريات المآتم
نحن أبناؤك الأباة على الضيم
أتينا من الجليل المقاوم
ومن الكرمل الصمود أتينا
لهباً في مرابع البغي حائم
يا قبور الأحباب! ألف سلام
من قبور عزّت عليها المعالم
أي شيء من العزاء نزجّي؟
نحن في أسرة الحداد توائم
نحن جئنا، نهيب أن تستفيقي
فلتلبي النداء.. يا كفر قاسم!

خطابٌ من سوق البطالة

ربما أفقد – ماشئتَ – معاشي
ربما أعرض للبيع ثيابي وفراشي
ربما أعمل حجاراً.. وعتّالاً.. وكنّاسَ شوارع..
ربما أبحث، في رَوْثِ، المواشي عن حبوب
ربما أخمد.. عرياناً.. وجائع..
يا عدو الشمس.. لكن.. لن أساومْ
وإلى آخر نبضٍ في عروقي.. سأقاوم..

ربما تسلبُني آخرَ شبرٍ من ترابي
ربما تُطعِمُ للسجن شبابي
ربما تسطو على ميراث جدي..
من أثاث.. وأوانٍ.. وخوابِ
ربما تحرقُ أشعاري وكتبي
ربما تطعمُ لحمي للكلابِ
ربما تَبقى على قريتنا كابوس رعبِ
يا عدو الشمس.. لكن.. لن أساوم..

وإلى آخر نبض في عروقي.. سأقاوم..

ربما تطفئُ في ليلي شعلة
ربما أُحرم من أمي قبلة
ربما يشتم شعبي وأبي، طفلٌ، وطفلة
ربما تغنم من ناطور أحزاني غفلة
ربما زيّف تاريخي جبانٌ، وخرافي مُؤَلَّة
ربما تحرمُ أطفالي يوم العيد بدلة
ربما تخدع أصحابي بوجهٍ مستعار
ربما ترفع من حوليَّ جداراً وجداراً وجدارْ
ربما تصلبُ أيامي على رؤيا مذلة
يا عدو الشمس.. لكن.. لن أساوم
وإلى آخر نبض في عروقي.. سأقاوم.

يا عدوّ الشمس..
في الميناء زيناتٌ وتلويحُ بشائر
وزغاريد، وبهجة
وهتافاتٌ، وضجة

١٤٩

والأناشيد الحماسية وهج في الحناجر
وعلى الأفق شراع..
يتحدى الريح.. واللُّجَّ.. ويجتاز المخاطر..
إنها عودة يوليسيز
من بحر الضياع..
عودةُ الشمس، وإنساني المهاجر
ولعينيها، وعينيه.. يميناً.. لن أساوم..
وإلى آخر نبض في عروقي..
سأقاوم..
سأقاوم..
سأقاوم..

حوارية العار

افتتاحية

سلطانُ - أرضيَ أمسِ - يذرعُ بهوه الفخمَ الرهيبْ
وعلى أكفِّ إمائِهِ..
أطباقُ ألماسٍ وإبريزٍ وفضة

السادن

مولاي يمتثلُ الجميعْ.
الخزيُ.. والدمُ.. والدموعْ
والعبدُ، عن كرمٍ، يبيح السيدُ المعبودُ أرضه
ويبيحهُ، إن شاء عِرضَه
هذي صكوكُ الذلِ.. وقّعها القطيع
وتهافت الخصيانُ، فامنحْهمْ فتات المائدة
واغفرْ لمن ماتوا على درب الرياح العائدة
أكفانُهم مِزقُ البيارقْ
وقبورُهم وحلُ الخنادق
اغفر لهم، فالوغدُ أوزيريس ضلَلهم
بمرشاتِ الحروف الحاقدة..
مولاي، يا الاسكندر العصريّ
يا باري الغيومِ الواعدة
أمطِرْ على الأتباعِ ياقوتاً..
ونيراناً، على رمز الفلول الجاحدة
هذا الزمانُ، كما تشاءُ
ورهنَ شهوتِكَ الفلكْ

١٥١

والخصبُ في كفّيك
يا تمُّوزنا.. والمجد لك..

العبيد

المجد لك!
المجد لك!!

أوزيريس

عبر القرونِ الدامساتِ، وعبرَ طوفانِ الدماء
عبر المذلةِ، والخيانةِ، والشقاء
عبر الكوارثِ والمخاطرْ
عبر المسافاتِ السحيقةِ، عبر آلاف المجازر
عبر انكسارِ الرافدين،
وعبر أحزانِ الجزائر
عُدنا..
وملء قلوبنا، وهجُ النبوةِ والفداءْ
عُدنا.. وملء شفاهنا،
تسبيحةُ الأفُقِ المكبّلِ.. للضياءْ
عُدنا..

فإما للزوايا الدُكنِ.. يا شعبي
وإما للّواءْ..

الشاعر

غير اللواء الحر لا نترسمُ
وبغير صكّ جراحنا لا نقسمُ
ولغير قُدس الشعب لسنا ننحني
وبغير وحي الشعب لا نتكلم
فلتشربِ الراياتُ نخب جراحِنا
كأساً يفيضُ على جوانبها الدم!

السلطان

باسمي!
أعدّوا النطعَ للصوتِ الغريب على فِنائي
وليُصلبِ المتمرّدون على مشيئتي الوحيدة
ولتُحشد الأسلاكُ..
والجوعُ المذل..
وعُدَّةُ الموتِ المريرة
وليُسحقِ الأوباشُ، أوباشُ العقيدة
أنا صانعُ التاريخِ كيف أشاءُ

حرٌّ في عبيدي.. في إمائي!

السادن

مولاي! مولاي المطاعْ
الآبقون التافهون.. فمٌ يصيحُ.. ولا ذراعْ
ألِّبْ عليهم حسرة المنفى وأوباءَ السجونْ
واجعل ضمادَ جراحِهم ملحاً وكبريتاً وطينْ
واضرِب بقدرتِك الجليلة
لترى جباهَهمُ على نعليك، خاشعةٌ ذليلة
وإذا أمرتَ.. فإنني سَوْطٌ، ومقصلةٌ، وسيفُ
وإذا أمرتَ.. فإنني لعناتٌ جامحةٌ وبيلة
لا تسألِ الأحطاب: من أيّ الجذوع؟
ولا تعفُّ

العبيد

ما شئتَ لك
ما شئتَ لك!

أوزيريس

مستنقعاتُ الصمتِ للديدانِ.. فليقنعْ بصمته
من باع للشيطانِ جُذوتَه، وخان عهود بيته

مستنقعات الصمتِ للديدان..
والقممُ العصية
للشمس، والبصرِ الجَسورِ
فتهيَّئي للقائنا.. يا واحة الله القصيّة
نبتت برغم الريح.. أجنحةُ النسورِ
وقلوبُنا عادت غنية
وجذورُنا ظلت قوية
عدنا، رجالَ الأرض، إن شحَّتْ، وإن كانت سخيّة

الشاعر

قسماً بأطلالٍ لنا تتكلمُ
وبصحوةٍ تبني الزمانَ وتهدمُ
قسماً بمن أهوَوا وآخرُ شهقة
منهم بميدان الفداء؛ تقدموا
قسماً بأعراس الجراحِ وفجرها
غير اللواء الحرِّ.. لا نترسَّم!

أختي صَنعَاء

لا يعبر بالشبّاك مساء
إلا وتطلّ من الأفق العينُ الكحلاء
عين الحرة
بنت الثورة
أختي، أختي صنعاء!

لا يعبر بالشباك صباح
إلا وتطلّ من الأفق المعبود جراح
جرح في صدر صعيديٍّ أسمر
جرح في صدر حُدَيديٍّ أسمر
وجراح في صدر تعزّ السمراء
فلتشرب زنبقة الحرية
في سفح الجبل الأحمر
لتسيل ربيعاً في عطش الصحراء
صحرائي العربية!
لا تعبر بالشباك الريح
إلا ويصيح

في قلبي.. شوقٌ فوق الشوقِ
لأُضمد زندَ جريحِ
وأضمّ الرشاش إلى صدري.. آه
يا أروع زحفٍ نحو الشرق!

رغم الأبعاد المرصودة
ودروبي المسدودة
رغم الأنباء المشؤومة
عن قتلى، قتلى، قتلى..
رغم البومة..
ومشانق ملء العتمة من حولي تتدلى
أومن، أومن، أومن
يمني، يمني المعبود
سيعود سعيد
فكهوف الشاي الأسود والقهوة والقات
صارت ثكنات
ورجالي من أسيوط وبور سعيد
كثر كثر
والنصر أكيد!

سَالم جبران

١٩٤٨
(مقاطع من قصيدة طويلة)

كان ليل النكبة الأسود، لا إشعاع فيه
غير إشعاع القنابل
وهي تنصبّ، على رأس قرى ليست تقاتل..
ولماذا يا بلادي؟
قالت الأعين في رعبٍ
ولم تفهم تفاصيل القضيّة
من خلال القلق المشبوب قالت:
ثم ألقينا البنانير على الأرض الشقية
ورجعنا للبيوت

ولماذا يا أبي؟
أترى لبنان حلو كبلادي
أترى فيه حواكير جميلة

بينها ترتاح أحلام الطفولة؟
أترى فيه صغار – كبلادي يا أبي؟
أترى فيه طعام..
لا كلام؟
دمعت عين أبي.. أول مرة
كان كالفولاذ، طول العمرِ
والدمع بعين الحر جمرة
خشب السقف أفاعٍ
والجدارْ
كان مبهوتاً
وكان الجو في أقسى دوار!
إن هذا البيت
يا أماه
ما كان جميلاً أي يوم
فلماذا يا ترى صار عزيزاً وجميلاً؟
أيها النبع الذي جاد بلا منٍّ
على طول السنين
من ترى يشرب من مائك بعد اليوم، من

أيها النبع الحزين؟

اسكتوا..
صوت ينادي
من تراه؟
انصتوا، بالله، حين
إنه صوت أبي الراضي الحزين
«هيا يا عيسى تعال..
اترك الماء، اترك الصبة
أترك كل شيء وتعال!»
ألف صوت، كان من فوق السطوح
يتعالى مثقلاً، غير اعتيادي، جريح:
أيها الراعي وراء التل اترك
حيثما كان - القطيع
أترى إن ضاع مأساة
وكل الشعب، في الأرض، يضيع؟
أيها الفلاح

لن ينفعكم «قش الجباب»[٢٤]
فعلى الأفق ضياع
وعلى الأفق اغتراب
سوف تبق الأرض هذا العام بوراً
وستبقى ألف عام
اترك المنكوش
فلتبق لهذا الشعب ذكرى حيةٌ
باقية فوق التلال
وتعال..

اسكتوا
صوت مخيف
ما تراه؟
اخرجي، خزنة، للشباك.. شوفي!
يا حزانى يا حزانى!
صرخت أمي برعب
هزّ أعماق دمانا

---

(٢٤) تنظيف الأراضي الوعرية في الجلول

فصعدنا كلنا فوق الجدار..
إن «سُحماتا» جحيم
حرقت فيه الحياة
يا رفاقي
أنا لم أنس.. ولو كنت صغيرة
أيها الأصحاب من قرية سُحماتا
إلى أي مصير؟

ثلاث قصائد

لاجئ

تعبُر الشمسُ الحدود
دون أن يطلق في جبهتها النارَ الجنود
ويغني بلبلُ الدوح، ضُحىً، في طولكرم
ومساءً
يتعشى وينامْ

بسلامْ

مع أطيارِ كبوتسات اليهود

... وحمارٌ ضائعٌ

يرعى بخط النارِ

يرعى في سلام

دون أن يطلق في جبهته النار الجنود

وأنا: إنسانُك اللاجئُ

– يا أرض بلادي –

بين عينيّ وآفاقك: أسوارُ الحدود!

صفد

غريبٌ أنا يا صفد؟

وأنت غريبة

تقول البيوت: هَلا!

ويأمرني ساكنوها: ابتعدْ!

علام تجوب الشوارع

يا عربيّ، علاما؟
إذا ما طرحت السلام
فلا من يرد السلاما
لقد كان أهلُك يوماً هنا
وراحوا
فلم يبقَ منهم أحد
على شفتي جنازةُ «صبح»
وفي مقلتي
مرارةُ ذل الأسد
... فوداعاً.
وداعاً صفد!

حرمان

ملعونةٌ أمي.
فقد أعطت لغيري ثديها
يرضعُ منه، وأنا جوعان
ملعونةٌ أمي
فقد أعطت لغيري فرشتي

فلم أنمْ، لأنني بردان
ملعونةٌ أمي
فقد أعطت لغيري قلبها
فعشتُ لا أعرف ما الحنان
ملعونةٌ أمي
ملعونةٌ أمي
ملعونةٌ – لأجلها – النسوان!

متفرقات

شعر «القروي»

غزل الفقراء

من خلل الثوب الذي يفرشه الليلُ على الهضابِ
من خَللِ السحابِ
لمحتُ وجه حلوتي البعيدة
تقرأ لي قصيدة
فيسقط الدمعُ على أبياتها
وتلثمُ الجريدة..

اليوم، يا صديقتي البعيدة
أشعرُ بارتياح
لأنني أدركتُ أن المال والثياب
والمصائب الحقودة
لن تسرق الأحبابْ
من أفئدةِ الأحبابْ

غداً، إذا ما طلع النورُ
على أحيائنا الفقيرةِ السوداءْ
وبدّد الظلماءْ
سيمحي كلُّ رجالِ المالِ والأسماءِ والألقابِ
ونترك العتاب
ونلتقي هناك يا حبيبتي
موعدُنا الصباح..

نايف سَليم

بَعْد اليأس

ليس ما تنزفه يا قلمي
بعض حبر، إنما بعض دمي
ما كتاباتي وأشعاري سوى
قطع قد أفلتت من ألمي
أنا في أرض أجدادي هنا
أي حق لي ترى لم يهضم
سرقوا أرضي وأرضوا نفراً
باع - حتى العرض - لم يستأثم
وأجاعوني وصبّوا سمّهم
في جراحاتي ...فلم تلتئم
واستبد الحزن بي حتى غدت
ضحكتي تجرح قلبي وفمي

ومضى عمري سدى، أيامه
نثرت في كل درب معتم
وشبابي أذبلت أوراقه
دودة تنهش قلب البرعم
أدخلوا اليأس على قلبي الذي
كان شعاعاً كزهر الأنجم
ونما في ساحتي غرس الأسى
ودخان الهم أعمى عالمي
لوّعوني ... قلبوا قلبي على
لاعج مثل السعير المضرم
وأنا في حيرة مضنية
من مدى صبري وزيف النظم
هل سأبقى يائساً مستسلماً
لقيودي كالحصان الملجم؟
أم سأبتز من الليل ضحى
ودواء من مرار العلقم؟
هل سيبقى عري طفل جائع
شرط إكليل لرأس المجرم؟

أفقروا شعباً وأغنوا زمراً
كذئاب بطشت بالغنم
خنقوا ألف خميص بائس
لمراعاة بطين متخم
كم أجاعوا عاملاً في منجم
ليزيدوا ربح ذاك المنجم
غلظت أوداجهم من طول ما
عصروا قلب فقير معدم
هل سيبقى العدل مذبوحاً هنا
وعلى الصلبان ريح العدم؟

سلسلة أعمال غسان كنفاني من منشورات الرمال

روايات
رجال في الشمس
أم سعد
ما تبقى لكم
العاشق/ برقوق نيسان/ الأعمى والأطرش
الشيء الآخر (من قتل ليلى الحايك؟)
عائد إلى حيفا

قصص قصيرة
موت سرير رقم ١٢
أرض البرتقال الحزين
عالم ليس لنا
عن الرجال والبنادق
القميص المسروق

مسرحيات
الباب
القبعة والنبي
جسر إلى الأبد

دراسات
الأدب الفلسطيني المقاوم تحت الاحتلال ١٩٤٨-١٩٦٨
أدب المقاومة في فلسطين المحتلة ١٩٤٨-١٩٦٦
في الأدب الصهيوني